LES
MYSTÈRES
DE LONDRES

PAR

SIR FRANCIS TROLOPP.

V

PARIS,
AU COMPTOIR DES IMPRIMEURS-UNIS,
QUAI MALAQUAIS, 15.

1844

LES

MYSTÈRES

DE LONDRES.

Ce roman ne pourra être reproduit qu'avec l'autorisation de l'éditeur.

LES
MYSTÈRES
DE
LONDRES

PAR

SIR FRANCIS TROLOPP.

V

PARIS,
AU COMPTOIR DES IMPRIMEURS-UNIS,
QUAI MALAQUAIS, 15.

1844

DEUXIÈME PARTIE.

LA FILLE DU PENDU.

XII

CORAH.

Bien des fois, depuis ce jour, reprit Susannah, j'ai interrogé Tempérance. Quand elle n'était pas ivre, elle m'écoutait en tremblant et ne voulait point me répondre... Quand elle était ivre, elle me regardait avec son rire stupide et chantait.

On ne me laissa plus dormir dans le parloir.

Vous dont l'enfance a été sans doute bien heureuse, milord, vous dont le père fut bon, et noble, et vertueux, vous qui fûtes rassasié des baisers de votre mère, vous ne comprendrez pas cela, peut-être : un de mes plus passionnés désirs en ce monde est de revoir Tempérance, la pauvre créature avilie, — et si je désire la revoir, c'est pour lui faire encore une fois cette question jadis si souvent répétée :

— Était-ce un rêve ?

— Non, ce n'était pas un rêve, interrompit ici Brian de Lancester. Croyez-moi, Susannah, pendant que vous parliez, je réfléchissais, et le plus simple bon sens uni à l'expérience la plus commune suffit pour reconnaître qu'il y a en tout ceci autre chose qu'un vain songe. Cet homme, — votre père, madame, avait à vous tromper un intérêt dont je ne puis me rendre compte. Il avait gagné Tempérance à l'aide de la passion de cette malheureuse, et il l'avait domptée par la crainte de ses corrections brutales. Elle s'est tue parce qu'elle avait peur. Je jurerais sur mon salut, milady, que cette dame dont votre mémoire a gardé si énergiquement l'image était votre mère.

— Merci, milord, merci! dit tout bas Susannah.

Puis elle ajouta, en se parlant à elle-même :

— Ma mère serait venue vers moi... pour ne jamais revenir ensuite! Ah! lequel vaut mieux de croire cela ou de s'en tenir au rêve?... Hélas! milord, reprit-elle, Ismaïl me l'a dit bien souvent : c'est ma mère elle-même qui s'est enfuie loin de mon berceau...

Les jours s'écoulèrent, puis les mois, puis les années. Je grandissais. Mon père disait que je devenais belle.

Nul changement, cependant, ne s'opérait

dans ma vie. Je demeurais toujours confinée dans la maison de Goodman's-Fields, n'ayant d'autre société que le muet Roboam, Tempérance et ma biche. Les absences de mon père devenaient de plus en plus fréquentes. Je ne le voyais presque plus.

J'ai su depuis ce qu'il faisait durant ces absences. Il jouait sa vie contre de l'or. En commençant, il gagna beaucoup d'or ; quand la chance tourna, il perdit la vie.

Que j'ai pleuré, milord, vers cette époque dont je vous parle ! Il y avait près de deux ans que la pauvre Corah et moi nous nous aimions... Si vous saviez comme était belle, Corah, et bonne et douce ! Comme elle comprenait, attentive, chaque mot qui sortait de ma bouche ! Comme elle devinait mon silence ! C'était mon unique amie et ma seule joie. Quand je venais à sourire, elle bondissait follement sur le gazon autour de moi : c'était du transport, du délire ! Quand j'étais triste, — et c'était bien souvent comme cela, milord, — elle venait se coucher à mes pieds, fixait sur moi ses grands yeux fauves, et gémissait doucement.... J'ai vu plus d'une fois une larme se balancer aux cils rougeâtres de sa paupière... Pauvre Corah !... Quand elle fut morte, il s'écoula bien du temps avant que je trouvasse une autre créature vivante pour compatir à ma tristesse.

Car elle mourut, milord. — Corah n'était pas comme moi fille du malheur. Elle avait connu la liberté. Les nerfs souples et puissans de ses jarrets si frêles en apparence avaient dévoré l'espace autrefois. C'était au fond des grands bois qu'on était allé la chercher pour l'emprisonner ensuite dans cet étroit jardin, qui n'avait pas assez d'air pour sa libre poitrine.

Elle dépérissait, la pauvre sauvage, parce qu'il y avait un mur entre elle et l'horizon; parce que ses narines grand-ouvertes ne pouvaient plus humer la brise savoureuse qui court par les hautes herbes; parce que tout lui manquait, la fatigue, le mouvement, le soleil.

Le soir, à l'heure où l'atmosphère humide et froide fait retomber jusqu'au sol l'étouffante haleine des quatre cent mille cheminées de Londres, Corah se prenait à respirer péniblement; elle haletait, puis elle perdait le souffle. Le matin, les premiers rayons du soleil lui redonnaient un peu de vie. Mais le soleil est bien rare à Londres, et quand il fait défaut, quel manteau de deuil sur la ville !...

Vous le dirai-je, milord, j'étais un peu comme Corah. L'air pesant de ma prison oppressait de plus en plus ma poitrine. Mais il y avait dans ce mal nouveau une sombre joie : j'espérais mourir. — J'étais trop forte. La mort ne vint pas...

Un matin, en descendant au jardin, je trouvai ma pauvre Corah étendue sur le gazon;

elle respirait péniblement et sa poitrine se soulevait par soubresauts convulsifs. — Mes jambes défaillirent sous moi : je devinai... Je me mis à genou auprès de Corah. De grosses larmes coulaient silencieusement sur ma joue... Elle leva sur moi son œil mourant et tâcha de se redresser sur ses pieds pour me porter sa caresse accoutumée.

Elle retomba, milord, — et ce fut fini. Corah ne se releva plus...

Brian prit le mouchoir brodé de la belle fille et essuya une larme qui roulait lentement le long de sa joue. Elle essaya de sourire.

— C'est là une douleur bien frivole, n'est-ce pas, milord? reprit-elle. — Mais c'est que, après cette mort, il me faut franchir un espace de sept années pour retrouver dans ma vie un instant d'épanchement, un mouvement de tendresse, un regard ami, une caresse sincère... Sept ans, milord! et je suis bien jeune... Depuis huit jours, Dieu m'a comblée. Il a envoyé vers moi celui que j'aime et une angélique femme qui m'appelle sa sœur. Aussi, quoi qu'il arrive, je ne me plaindrai plus, Brian. Vous m'avez aimée huit jours et lady Ophelia m'a donné une place dans son cœur...

Je restai toute la journée auprès de Corah morte. Ce fut en vain qu'on voulut m'arracher de là. J'y voulais mourir.

Le soir, oh! ce fut une chose affreuse, milord! Tempérance introduisit un homme dans le jardin. Cet homme était hideux à voir ; il portait, sur son corps difforme, de misérables haillons ; lorsqu'il marchait, tous ses membres se disloquaient en d'ignobles contorsions.

Tempérance me dit :

— Miss Susannah, voici le joli mendiant Bob qui vient chercher la biche. Il faut monter à votre chambre, ou vous serez malade.

Je ne bougeai pas. Mais l'horrible mendiant s'avança tortueusement vers moi, et, saisie d'un invincible dégoût, je m'élançai dans le parloir.

Le mendiant Bob et Tempérance restèrent seuls auprès de ma pauvre Corah.

— Allons, mon joli Bob, dit Tempérance, chargez-moi ça sur vos épaules.

Bob se mit à genoux à la place même où j'étais un instant auparavant et passa ses mains sur le corps de ma biche.

— Elle est durement maigre, cette petite bête, grommela-t-il ; mais si elle était morte d'un bon coup de couteau, on en tirerait bien trente shellings.

J'entendais et j'avais le frisson.

— Je vous la donne telle quelle pour un pot de gin, reprit Tempérance ; — mais dépêchez, mon joli Bob !

— Du gin ! gronda Bob, — toujours du gin !...

une femme de cinq pieds six pouces!... Écoutez, Tempérance, je vous apporterai une pinte de ginger-beer... la petite bête ne vaut pas davantage.

—Va pour le ginger-beer! dit Tempérance, mais dépêchez!

Bot mit sa main dans son sein et en retira un long couteau dont la lame brilla aux dernières lueurs du crépuscule.

— Après ou avant, dit-il, peu importe!... Ce serait péché de perdre tant de livres de bonne viande : je vais l'arranger si bien que le marchand croira que je l'ai tuée avant sa mort...

Je l'entendis pousser un aigre éclat de rire, puis la lame de son couteau disparut dans la gorge de Corah...

Un cri d'horreur m'échappa. Je tombai à la renverse.

Quand je repris connaissance, mon père était au chevet de mon lit, avec un médecin.

— Il faut soigner cette enfant, monsieur, disait ce dernier; elle est malade, fort malade! Il lui faut de l'air, de la liberté, les joies de son âge, ou bien...

Il n'acheva point, mais je compris, et j'eus un mouvement d'espoir.

— Pensez-vous que nous en soyons là déjà,

docteur? répliqua Ismaïl. Elle est forte et belle, voyez... C'est l'effet d'une douleur passagère... Je lui donnerai une autre biche, et il n'y paraîtra plus.

Le médecin secoua la tête et s'en fut prendre, sur la tablette de la cheminée, un géranium dont les fleurs étiolées se penchaient, affaissées, sur leurs tiges.

—Les fleurs et les enfans ont besoin de soleil, dit-il; voici une pauvre plante qui sera morte demain... croyez-moi, monsieur, donnez de l'air pur aux poumons lassés de votre fille, ou elle fera comme la fleur...

Le médecin salua et sortit. — J'avais fait semblant de dormir pendant toute la durée de cet entretien. Quand mon père fut seul, il s'assit auprès de moi et me tâta le pouls.

— Ces coquins de *physicians* deviennent poètes! murmura-t-il avec mauvaise humeur; — les fleurs et les enfans!... Le fait est que Susannah est malade..... Par Jacob! j'aime mieux faire un sacrifice que de la perdre! Cette enfant-là est ma fortune. De manière ou d'autre, elle me vaudra une bonne rente, et cela sans danger...

Le lendemain, milord, on me fit monter dans une voiture fermée qui roula un jour entier sans s'arrêter. Lorsque j'en descendis, il faisait nuit, et, le lendemain encore, je m'éveillai dans une grande chambre où s'épendaient à flots les rayons du soleil levant.

Je sautai hors de mon lit et m'élançai vers la fenêtre. Des larmes me vinrent aux yeux, milord. J'avais devant moi un vaste horizon, des bois, un lac, des montagnes. — Sur tout cela, les rayons obliques du soleil glissaient, jetant çà et là leur poussière d'or. C'était bien beau ; c'était si beau que j'oubliais ma pauvre Corah. — Mais son image revint bientôt solliciter ma mémoire. Je la vis courant sous les grands arbres, côtoyant les vertes rives du lac ou couchée dans les herbes de la plaine. Et je pleurai encore, mais ce n'était plus de joie.

Mais j'étais une enfant, après tout. Toutes ces choses, si belles et si nouvelles pour moi, furent fortes contre mes regrets. Je me souvins de Corah, je m'en souviens encore, comme du seul être qui ait jeté quelque douceur dans la triste solitude où s'écoula mon enfance, et cependant, alors comme maintenant, ce souvenir dépouilla son amertume première. Je me représentais toujours Corah couchée à mes pieds, et léchant ma main qui lui portait du pain ou une caresse; je ne la voyais jamais mourante, et j'éloignais de ma mémoire le couteau de l'horrible mendiant Bob.

L'endroit où l'on m'avait ainsi conduite était bien loin de Londres. C'est tout ce que je puis dire, n'ayant jamais su ni son nom, ni sa position sur la carte. On me laissait sortir tant que je voulais, mais je n'avais point permission de parler aux étrangers, et Tempérance était toujours ma seule compagnie, Tempérance et Roboam le muet, qui m'accompagnait dans toutes mes courses à travers champs et se mettait comme un mur de pierre entre moi et les bons villageois qui me saluaient en passant.

Mon père était resté à Londres.

Lady Ophelia et vous, milord, m'avez parlé de Dieu depuis huit jours, et lady Ophelia m'a prêté un livre où sont écrites de hautes et consolantes paroles. Alors je ne connaissais point Dieu, et son nom ne m'était jamais venu à l'oreille que dans un blasphème d'Ismaïl ou dans les plaintes de Tempérance quand mon père la frappait. — J'ignorais tout ce qui a rapport à la religion. Hélas! j'ignore encore sur cela bien des choses!... et pourtant, dès ce temps, où mon intelligence d'enfant était plongée dans de complètes ténèbres, je sentais en moi quelque chose qui me portait invinciblement vers une adoration mystérieuse, vers un espoir qui n'était point de ce monde, et dont le but brillait au delà de la mort. C'était une aspiration vague et plus douloureuse que consolante, milord, parce qu'elle était environnée de pénibles efforts pour comprendre, efforts qui jamais ne pouvaient aboutir.

J'interrogeais parfois Tempérance, mais Tempérance ne m'entendait pas ou feignait de ne me point entendre. — En cette occasion, elle entonnait un stupide refrain, ou bien elle me disait qu'Ismaïl viendrait bientôt me chercher, et qu'alors j'aurais des robes de soie et de velours, des perles dans mes cheveux et des bagues de pierres précieuses à chacun de mes doigts.

Je comprenais cela. Pour tout ce qui était mauvais ou seulement frivole, je n'étais pas entièrement ignorante. Ismaïl m'avait répété jusqu'à satiété que j'étais belle, et, souvent, il m'avait revêtue d'atours brillans, comme pour exalter ma coquetterie naissante.

J'avais quitté Londres au commencement du printemps. On me laissa dans cette maison de campagne pendant toute la belle saison. Ces huit mois de liberté comparative produisirent sur moi un effet extraordinaire. J'étais forte avant de partir, et il avait fallu, pour me courber, toute l'écrasante pression de ma solitude au milieu de l'atmosphère impure de Londres. Aux champs, je me développai tout à coup. Mon corps devint robuste ; mon cœur prit de la force, et mon intelligence, quoique toujours inculte, jeta quelques hardis regards, par dessus les barrières imposées, sur ce monde qu'il ne m'était point permis de connaître.

J'appris à monter à cheval, j'appris à nager dans le lac, et le muet s'émerveilla souvent de mon adresse à manier le fusil de chasse qu'Ismaïl avait mis parmi mes bagages.

Hélas ! milord, ce ne sont point ces choses qu'une femme doit savoir. J'ai appris depuis huit jours que ces pauvres talens vont mal à une jeune fille. Je les oublierai, parce que je veux vous plaire, Brian.

Lancester s'inclina en souriant.

— N'oubliez rien, Susannah, dit-il, je vous aime comme vous êtes... J'aime tout ce qui est en vous : votre ignorance, et jusqu'à cette tyrannie qui pesa sur vos jeunes années et qui vous fit si différente des autres femmes... Oh ! si vous m'aimez, nous serons bien heureux !

— Si je vous aime ! répéta Susannah, dont l'œil alangui par ses souvenirs lança tout-à-coup un jet de flamme. — Dieu sait que depuis long-temps ma vie est à vous, milord... Mais je vous dirai bientôt ce que je souffrais sans vous et pour vous, qui ne me connaissiez pas... Je vous dirai comment, sans le savoir, vous avez changé mon apathique résignation en agonie, ma morne indifférence en martyre... Et je vous dirai aussi combien j'aimais ma souffrance, Brian, et quel étrange bonheur se mêlait à l'amertume de ma torture...

Vers l'automne, une lettre d'Ismaïl me rappela. Nous montâmes encore dans une voiture fermée qui entra dans Londres à la nuit. — Je suis une étrange créature, ou peut-être sommes-nous tous ainsi faits. J'eus du plaisir à revoir cette maison où l'ennui avait pesé si lourdement sur moi; j'eus du plaisir à m'asseoir auprès de la cabane vide de la pauvre

Corah. Les grands arbres me parurent de vieux amis, et ma chambrette me sembla moins triste.

Je n'enviais plus les jeunes filles qui jouaient sur le gazon du Square. Et, d'ailleurs, ce n'étaient plus les mêmes : elles avaient grandi comme moi, celles dont je jalousais autrefois les bruyans plaisirs. — Maintenant, que faisaient-elles, puisqu'on ne les voyait plus sur le Square?... Peut-être étaient-elles recluses à leur tour?... Pauvres filles!

Je m'apitoyais sur leur sort, et je me disais qu'elles feraient comme ma biche Corah, parce qu'elles étaient prisonnières après avoir été libres.

En me revoyant, mon père sembla étonné.

— Comme vous voilà belle et grande Susannah ! dit-il avec une véritable admiration; ce diable de docteur avait raison, avec sa fleur et son enfant... Allons, Susannah, ma fille, vous voilà une grande dame, et il va falloir vous traiter en conséquence. Aimez-vous les belles robes?

Je rougis de plaisir à cette question.

— Vous aurez de belles robes, reprit mon père, qui mit de la raillerie dans son sourire, — et des parures et des dentelles... Et puis, ma fille, vous verrez bientôt des figures nouvelles... Oh! vous allez vous divertir comme une reine, Susannah.

Je demeurai pensive après le départ d'Ismaïl. Ma curiosité s'était changée en crainte sauvage. L'idée de voir quelqu'un, de parler à quelqu'un qui ne serait ni mon père, ni Tempérance, ni Roboam, me faisait peur. — Mais, d'un autre côté, les belles robes, les bijoux, les dentelles me tournaient la tête. Je pense que j'avais alors onze ans ou un peu plus. Il y a six ans de cela.

Le soir même de ce jour, il arriva une sorte d'événement.

Tempérance était occupée à démêler mes cheveux pour faire ma toilette de nuit. Comme d'habitude, la malheureuse fille sentait le gin à soulever le cœur. Néanmoins, elle n'était point ivre tout à fait, mais seulement gaie de cette gaîté communicative et exaltée, si repoussante chez les créatures adonnées à son vice favori.

— Miss Susannah, me dit-elle tout à coup en éclatant de rire, je suis chargée de vous embrasser... de vous embrasser sur les deux joues, pardieu ! miss Susannah !... Je viens de pécher, ma foi, ma chère demoiselle ! Le livre dit : Tu ne prendras point en vain le nom de Dieu... Mais c'est mon joli Bob qui m'apprend à jurer ainsi... Que disais-je donc, miss Susannah, s'il vous plaît ?

— Vous disiez que boire toujours est un vilain défaut, Tempérance, répliquai-je avec ma malice d'enfant.

— Disais-je cela? s'écria-t-elle; — oh! diable! il faut que je sois ivre, alors... Mais non, méchante enfant... Je disais qu'on m'avait chargée de vous embrasser et de mettre à votre cou ce brimborion que voici.

Avant que j'eusse le temps de répondre, elle planta un gros baiser sur chacune de mes joues, et me passa au cou un cordon de soie auquel pendait le médaillon où est notre fleur, Brian.

— Qu'est cela, m'écriai-je, et qui vous a chargée?...

— Chut!... interrompit Tempérance; — c'est un grand secret...

— Je vous en prie, ma bonne Tempérance, dites-moi qui m'envoie cette jolie boîte.

— C'est...

Elle s'arrêta pour éclater de rire.

— C'est une fée reprit-elle avec sa grosse gaîté, — une fée qui rôde dans Goodman's-Fields tous les soirs et qui me donne de quoi acheter du gin quand... quand cela lui plaît, pardieu! miss Susannah!

XIII

LE MÉDAILLON.

Il me fut impossible, continua Susannah, de tirer rien autre chose de Tempérance, qui s'enfuit, me dit-elle, pour aller achever la demi-pinte de gin que lui avait donnée la fée.

Elle me laissa le médaillon qu'elle avait suspendu à mon cou. Je le tournai en tous sens et admirai la délicatesse de son travail. A la place où se trouve maintenant ce grattage confus, — Susannah tenait le médaillon à la main en parlant ainsi, — on voyait une petite estampe, des armoiries, je pense, gravées avec une extrême délicatesse. Au dessous de l'écusson, un mot avait été ajouté au poinçon, un seul mot, gravé d'une main tremblante...

Je ne savais pas lire encore, Brian, je ne pus déchiffrer ce mot, mais chacune des lettres qui le composaient burina sa forme au fond de ma mémoire, et plus tard je pus les épeler en mon souvenir.

Le mot écrit au dessous de l'écusson était

un nom, et ce nom, autant qu'une impression de ce genre peut arriver à la certitude, était Mary.

— Mary ! répéta Brian comme s'il eût fouillé sa mémoire.

Un instant, il sembla poursuivre sa muette recherche ; puis il ajouta brusquement :

— Mais il y a tant de Mary !

— Et puis, je me trompe peut-être, reprit Susannah ; — car ce nom ou ce mot n'est resté que bien peu de temps sous mes yeux.

Brian, cependant, réfléchissait ; une idée venait de germer vaguement en son esprit. Il se pencha sur le médaillon qu'il examina minutieusement comme s'il eût voulu soulever l'épais réseau formé par les lignes ténues que le grattage avait mises sur l'estampe primitive. — Mais qui jamais a pu voir deux fois de suite la même figure dans les nuages? Dans la confusion, dans l'enchevêtrement de mille lignes jetées l'une sur l'autre au hasard, l'esprit aperçoit tout et n'aperçoit rien. — Brian chercha en vain les deux aigles qu'il avait reconnus aux deux côtés de l'écusson. Ces supports lui semblaient être des griffons maintenant. La couronne de comte, seule, restait visible au dessus des armoiries.

— Et c'est votre père qui a détruit cette gravure, milady? demanda-t-il.

— J'allais vous le dire, répondit Susannah.

Pendant toute la soirée je m'occupai à contempler mon médaillon. Je ne sais pourquoi je le chérissais déjà bien plus que tous mes autres joyaux. J'établissais entre ce présent, fait par une main inconnue, et la vision dont je vous ai parlé, une involontaire et mystérieuse liaison. Ce devait être la même personne...

— Vous pensâtes à votre mère, Susannah?

La belle fille baissa la tête.

— Milord, dit-elle, je pensai à une femme douce et bonne qui m'aimait. Je ne pensai pas à ma mère, puisque je croyais que ma mère me détestait... Ne m'avait-elle pas abandonnée?... Non, Brian, je dois vous le dire, l'idée de mère n'éveillait en moi que de douloureux sentimens... Mon père m'avait dit tant de fois...

— Votre père, madame, interrompit Brian avec amertume et compassion, voulait mutiler votre cœur et effacer l'amour filial comme il a effacé les signes et le mot gravés sur ce médaillon. Il est mort et il n'a pu réussir... Que Dieu lui pardonne !

— Oh ! oui, milord, que Dieu lui pardonne si tel fut son projet !... car, parmi les cruels souvenirs qui forment tout mon passé, le plus amer et le plus cruel est celui-ci : J'ai souvent maudit ma mère...

J'étais encore à regarder mon cher médaillon, lorsqu'Ismaïl vint me faire sa visite du soir. J'essayai de le cacher dans mon sein; mais il aperçut ce mouvement et me saisit le bras.

— Oh ! oh ! s'écria-t-il, miss Suky, savons-nous déjà la route de notre sein, cette cachette dont on n'use guère à votre âge d'habitude ? Montrez-moi cela, mon enfant... Ce ne peut être encore un billet doux, je pense ?

— Ne me le prenez pas, monsieur, m'écriai-je ; je vous en prie, ne me le prenez pas !

— Nous y tenons donc bien, miss Suky ?... Voyons ! Je vous le rendrai ; mais il faut me le montrer tout de suite.

Il me dit cela de ce ton d'impérieuse raillerie auquel, pour mon malheur, j'ai su bien rarement résister.

Vous vous souvenez d'Ismaïl, milord ?... Mais il ne vous ordonnait rien à vous, et, vis-à-vis des étrangers, ses traits gardaient toujours l'obséquieuse expression de l'escompteur israélite.

Dans l'intérieur de sa maison, c'était un homme terrible. Il me semble voir encore son pâle visage, dont la partie inférieure était cachée par une barbe épaisse, noire, soyeuse et si belle, qu'on l'eût prise pour une frange de satin. Cette barbe n'était séparée des cheveux que par les pommettes de ses joues et son front étroit, dont ses sourcils de jais couvraient encoré la meilleure partie. — Tempérance disait qu'il était beau. C'était, en tout cas, une effrayante beauté que la sienne, milord...

Et sa voix !... comme elle éclatait sourde, moqueuse, menaçante ! — J'ai entendu depuis une voix semblable, Brian, une voix qui, la première fois que je l'entendis à mon oreille, me figea le sang dans les veines et me donna froid jusqu'à la moëlle des os. C'était la voix d'un homme...

Susannah baissa le ton et s'approcha de Brian.

— C'était la voix de l'homme qui est maintenant mon maître, acheva-t-elle.

L'attention de Brian redoubla. Susannah reprit.

— Je n'en suis pas encore à vous parler de lui. Je veux vous dire seulement une chose étrange. Cet homme, qui s'est fait connaître à moi sous le nom de Tyrrel, et que lady Ophelia nomme sir Edmund Makensie...

— Sir Edmund Makensie! s'écria Lancester; — ce serait...

— Vous le connaissez, milord?

— A coup sûr, je le connais, madame... Qu'alliez-vous me dire sur sir Edmund Makensie?

— J'allais vous dire, milord... mais vous

serez à même de juger si je suis ou non dans l'erreur, puisque vous le connaissez ; — j'allais vous dire que sa voix a fait une fois sur moi un effet extraordinaire. Je l'avais entendu parler déjà avant cette circonstance, je l'ai entendu depuis, et il me semble que sa voix est maintenant déguisée, — tandis que cette fois, milord, cette seule fois, il parla naturellement, avec colère, avec passion, — et sa voix devint celle d'Ismaïl.

Brian sourit d'un air de doute.

— Je me suis trompée, n'est-ce pas ? reprit Susannah. Cela est possible, milord. Ma situation elle-même, ce jour-là, devait puissamment contribuer à mon erreur, car je me retrouvais, — comme autrefois dans la maison de Goodman's-Fields, — sous la tyrannique volonté d'un homme pui me disait: Fais cela ! et j'étais obligée d'agir malgré mon cœur et malgré ma conscience... Oh! ce fut un douloureux moment ! ajouta la belle fille, dont une amère pensée sembla traverser l'esprit. — Il y avait là un mourant qui dormait, et l'on me dit de le baiser au front... Je le baisai, milord, parce qu'on me menaçait de vous perdre... Dieu veuille qu'il n'en soit point résulté de mal !...

Brian la regarda avec inquiétude.

— Vos paroles deviennent pour moi des énigmes, Susannah, dit-il. — Au nom du ciel, expliquez-vous !

— Bientôt, milord, bientôt... Avant d'arriver à ce triste épisode, il y a d'autres épisodes bien tristes à vous raconter.... Je vous parlais de Tyrrel parce que sa voix... Et maintenant que j'y pense, mon cœur se serre encore... Oh! c'était sa voix... c'était sa voix!

Susannah, en prononçant ces derniers mots, mit ses mains devant ses yeux comme pour repousser une effrayante vision.

— Madame, dit doucement Lancester, assez de malheurs réels ont pesé et pèsent encore sur votre vie, si courte, pourtant, sans aller vous créer des fantômes... Quoi de commun entre le débonnaire visage de sir Edmund et la figure énergiquement méchante du juif Ismaïl?... Cette insignifiance des traits de sir

Edmund, l'aveugle, peut n'être qu'un masque, puisque vous le dites mêlé à ces ténébreuses intrigues qui vous entourent; mais ce masque, Ismaïl eût en vain tenté de le mettre sur sa mobile physionomie. Tout en eux est différent, contraire même... D'ailleurs, madame, faut-il vous rappeler qu'Ismaïl est mort?

— Mort sur l'échafaud, mon Dieu! murmura Susannah; — je le sais... je l'ai vu... j'ai vu pendre mon père, milord!

Elle s'arrêta, tremblante, suffoquée, et fut quelques secondes avant de reprendre la parole.

Brian, pendant ce temps, songeait à ce sir

Edmund, dont il avait jusque alors déploré le malheur, et qui se trouvait être, suivant Susannah, la tête d'une criminelle et mystérieuse entreprise. Il ne savait pas encore quels étaient le but et les moyens de cette entreprise, mais il rêvait déjà aux mesures à prendre pour arracher le masque de cet homme, qui faisait abus de son infirmité et trompait d'autant plus facilement le monde qu'on le plaignait davantage, et que la compassion fermait la porte aux soupçons.

Ceci était fort dangereux pour sir Edmund Makensie, car la position occupée dans le monde par Brian de Lancester le rendait l'un des plus dangereux ennemis qu'on pût avoir à combattre.

Et encore ce pauvre sir Edmund ne savait rien du péril qui le menaçait.

En vérité, cette petite Française, que nous la nommions Maudlin, la duchesse douairière de Gêvres ou la contessa Cantacouzène, cousine germaine par alliance de La Sainteté de Notre Père en Rome, était radicalement inexcusable de s'être ainsi endormie au bon moment! Si encore elle n'eût dormi que d'un œil, comme font souvent, au dire des naturalistes, les chattes d'un certain âge, mais non! elle dormait de tout son cœur, poursuivant avec acharnement les aventures de Robinson Crusoé. Elle plantait du maïs, elle aiguisait de vieux clous pour en fabriquer de petits couteaux, elle creusait des canots dans des troncs d'arbres, elle apprenait toutes les langues de l'Europe à une multitude de perroquets ; — bref, elle était fort occupée.

— Je vous disais, milord, reprit Susannah, qui secoua brusquement le poids lourd que l'horreur de l'image récemment évoquée avait mis sur son esprit, — je vous disais que mon père m'ordonna péremptoirement de lui remettre l'objet caché dans mon sein. Je dus lui obéir, quelle que fût ma répugnance à me dessaisir de ce médaillon.

Il le prit, et aussitôt qu'il eut jeté les yeux sur le mot écrit au poinçon et sur les armoiries, une exclamation de colère lui échappa.

— Misérable Tempérance ! murmura-t-il ;

— on ne peut décidément se fier à elle... Qui vous a donné ce bijou, miss Suky?

Je ne répondis point.

— Il est fort joli, ma fille, reprit-il; voulez-vous m'en faire cadeau?

— Non, oh non! monsieur, m'écriai-je, laissez-le-moi! je vous supplie de me le laisser!

— Je vous le laisserai, Suky, si vous êtes une bonne fille, — c'est-à-dire si vous m'avouez que c'est Tempérance qui vous a donné ce bijou.

Dieu a mis en nous l'horreur instinctive du mensonge, milord; car, moi dont l'ignorance était complète à ce sujet comme sur tous les autres, ce premier mensonge eut grand' peine à tomber de mes lèvres. — Mais je savais que mon père frapperait Tempérance, et j'avais pitié d'elle.

— Non, monsieur, répondis-je avec embarras, ce n'est pas Tempérance.

— Serait-ce donc Roboam! s'écria-t-il en pâlissant.

— Oh! non, monsieur.

Cette fois la réponse partait du cœur. Ismaïl me regarda en dessous.

— Cela sait déjà mentir! murmura-t-il avec un narquois sourire; — l'éducation ne sera ni longue ni difficile à faire; je voudrais le parier... Cela suffit, miss Suky, ajouta-t-il tout haut. Je sais ce que je voulais savoir, et je vous rendrai votre bijou.

Il s'assit auprès de moi, tournant et retournant le médaillon entre ses doigts, comme s'il eût voulu l'ouvrir.—Moi, je n'avais pas même soupçonné qu'il pût être creux.

Au bout de quelques minutes, durant lesquelles il m'entretint de choses frivoles, son doigt pressa par hasard le ressort du secret et le médaillon s'ouvrit.

Je poussai un cri de surprise.

— Ah! ah! Suky, dit-il, vous ne vous attendiez pas à cela.

— Qu'y a-t-il dedans, monsieur? demandai-je curieusement.

— Il y a de l'eau de Portugal, miss Susannah, — et quelques poils de chatte.

En prononçant ces mots, qu'il accompagna d'un rire sec et forcé, il s'approcha de la grille, où quelques morceaux de houille achevaient de se consumer, et y jeta un objet qu'il avait pris dans le médaillon.

Cet objet pétilla en touchant le coke, s'enflamma aussitôt et rendit un flocon de fumée épaisse. — Ce devait être une mèche de cheveux.

— Ah! monsieur, m'écriai-je, vous m'aviez promis de me rendre...

— Chut! miss Suky, interrompit-il; — nous autres fils d'Abraham, nous tenons toutes nos promesses, entendez-vous, et, pour ma part, plutôt que de manquer à ma parole, j'ai fait cinq fois déjà banqueroute... Mais vous ne savez pas ce que c'est qu'une banqueroute, miss Suky; je vous apprendrai cela quelque jour... et bien d'autres choses encore, pour peu que vous et moi ayons du loisir.

Il avait pris dans le médaillon un tout petit papier d'une extrême finesse qui accompagnait les cheveux. Il mit son lorgnon à l'œil et lut :

« A Susannah quand elle saura lire. »

— Bon! s'écria-t-il, voilà une naïveté ravissante!... Naturellement, Suky, vous ne vous seriez point avisée de lire avant d'avoir appris votre alphabet.

— Mais j'apprendrai, monsieur, interrompis-je; ce papier est à moi, rendez-le-moi.

— Vous apprendrez, Suky, voilà ce qui est vrai; vous apprendrez dès demain à lire, à chanter, à danser... vous apprendrez tout ce qu'une belle fille doit apprendre pour captiver le cœur d'un homme... Quant au papier, c'est autre chose... Ne vous en inquiétez pas, et laissez-moi déchiffrer ce griffonnage.

Il commença, en effet, la lecture du billet enfermé dans le médaillon.

Le papier était très petit, milord; pourtant

il contenait sans doute bien des choses, car mon père fut long-temps à le lire.—Tout en le lisant, il murmurait d'amères paroles et haussait les épaules avec dérision.

— Que c'est bien cela ! s'écria-t-il enfin ; — il y a là, pardieu, dans ce misérable chiffon, de quoi faire fondre en larmes tout un bataillon de vieilles femmes !... Si la personne qui vous écrit ces fadaises était riche, Suky, je crois que nous pourrions nous arranger ensemble, car rien ne lui coûterait.

— Quelle est cette personne monsieur? demandai-je d'une voix suppliante, — et que me veut-elle ?

— Elle vous veut, miss Suky, voilà tout.

Quant à son nom, le voilà écrit en toutes lettres. — Il me montrait le mot gravé sous l'écusson.—Quel dommage que vous n'ayez pas pris votre première leçon de lecture ! n'est-ce pas ?

— Quel est ce nom ? demandai-je encore.

— C'est le nom...

Il hésita et reprit :

— C'est le nom d'un beau jeune homme qui se meurt d'amour pour vous, Suky... On le nomme Henry.

Je ne compris rien à cette réponse, comme bien vous le pensez, milord.— Pour savoir, à onze ans et demi, ce que c'est que l'amour, il faut avoir écouté aux portes des salons ou traversé souvent les antichambres.

— Et c'était Ismaïl qui vous parlait ainsi, madame! dit Lancester, dont les sourcils s'étaient froncés; — votre père!...

— Je pense que c'était bien mal, milord, puisque ces mots semblent provoquer votre indignation; — mais Ismaïl alla plus loin... Ce soir, pour la première fois, il prononça devant moi des paroles qui glissèrent d'abord, incomprises, sur le bouclier de mon ignorance, mais qui, souvent répétées et patiemment expliquées, finirent par pénétrer dans mon intelligence... Il y a huit jours, je vous aurais répété sans rougir tout ce que me disait Ismaïl, parce que je croyais que ces leçons étaient celles que chaque père donne à ses filles... Depuis huit jours, la lumière s'est faite en moi : je sais que, devant Dieu comme devant le monde, ces enseignemens sont infâmes, et qu'ils atteignent, dans la bouche d'un père, les dernières limites de l'odieux.

— Quoi! madame, s'écria Brian, — faut-il donc que je suppose?...

— Laissez, milord, dit Susannah, dont un sourire noble et pur éclaira la tristesse, — ne m'interrogez pas... Je ne comprendrais point vos questions, peut-être... Je vous dirai tout, quoi qu'il m'en coûte, et je vous dirai dès à présent que, pour toutes les choses qui concernent l'amour, je ne sais rien dans ma vie dont je puisse vouloir faire mystère à qui que ce soit au monde.

Brian de Lancester se sentit rougir et avoir honte, tant il y avait loin de cette ferme et digne candeur à la question qu'il avait été sur le point de formuler.

— Ismaïl avait toujours à la main le médaillon, reprit cependant Susannah ; il semblait hésiter à me le rendre. Tout à coup il tira de sa poche un outil pareil à celui dont se servait Roboam pour sculpter ses petits morceaux de bois, et vint brusquement se rasseoir auprès de moi.

Puis, à l'aide de son outil, il commença le grattage de l'écusson.

— Que faites-vous, monsieur ? lui dis-je.

— Vous le voyez bien, Suky... Mais laissons cela, je vous prie, et parlons de choses sérieuses... J'ai un long discours à vous faire, voyez-vous, et j'aime à travailler en prêchant... Ecoutez-moi bien : — Vous êtes une charmante enfant, Susannah, et, si vous tenez ce que vous promettez, dans deux ou trois ans, — quatre ans au plus tard, — vous serez la plus belle fille de Londres... Cela vous fait-il plaisir ?

— Eh! monsieur, répondis-je en sanglotant, vous effacez le nom de la personne qui m'aime... A quoi me servira-t-il d'apprendre à lire?

— Vous tenez donc bien à savoir ce nom, Susannah?... Si vous êtes sage, je vous le dirai plus tard... Et d'ailleurs, ma fille, dans quelque temps, vous compterez par douzaine les gens qui vous aimeront... Sur ma foi, vous serez une heureuse créature, Suky... Je vous donnerai, moi, des parures à écraser les plus brillantes ladies... Vous serez l'astre qui éclairera Londres, vous serez la lionne... Autour de vous se pressera une foule compacte de soupirans... Tous vous demanderont votre cœur... M'écoutez-vous, Suky ?

Je suivais d'un œil triste l'œuvre de destruction à laquelle il se livrait tout en parlant.

— Vous m'écoutez, c'est bien ! reprit-il.—

Je vous disais qu'on vous demanderait un regard à droite, à gauche, de toutes parts, enfin, ma fille ; la vie des femmes est ainsi faite, la vie des jolies femmes, au moins... Or, Suky, beaucoup se perdent par trop d'orgueil, beaucoup par étourderie... L'orgueil, que les sots et les hypocrites nomment la pudeur, vous conseillera de passer, froide et hautaine, parmi l'encens brûlé en votre honneur ; — l'étourderie, que vous entendrez nommer dans le monde... quand vous irez dans le monde... la voix du cœur, vous dira d'aimer quelque jeune gentleman à la voix douce, au tendre sourire... Prenez garde, Susannah!... oh! prenez garde, ma fille! Le devoir d'une femme... Mais voici votre bijou que je vous rends, suivant ma promesse.

Il me rendit, en effet, le médaillon vide et dans l'état où vous le voyez.

Puis il reprit, d'une voix presque solennelle :

— Le devoir d'une femme est d'aimer, Susannah, d'aimer et de se donner sans réserve et sans combat... Vous comprendrez cela plus tard... Mais son devoir est aussi de choisir... et la meilleure règle pour se guider dans son choix, ma fille, c'est de ne repousser personne, — excepté ces misérables aventuriers qui n'ont en ce monde que leur figure et leur habit ; — c'est d'aller de l'un à l'autre... pourvu que l'un et que l'autre soient riches et soient généreux... A demain, Suky !...

Brian demeurait comme pétrifié.

— Infamie! infamie!... murmura-t-il enfin.

Il se leva et fit quelques tours dans la chambre. — Lorsqu'il revint vers Susannah, son front s'était rasséréné.

— Madame, lui dit-il d'un ton de conviction profonde, cet homme, — ce monstre! — n'était point votre père!...

XIV

LE BOUDOIR D'ISMAIL.

Brian de Lancester, en affirmant à Susannah que le juif Ismaïl n'était point son père, n'avait aucune preuve matérielle à l'appui de son assertion. Cette parole, qu'il avait prononcée avec tant de conviction et de chaleur, n'était que l'élan d'un cœur loyal et haut placé, refusant de croire à ce comble de l'infamie, un père soufflant l'esprit du mal dans l'âme de son enfant.

S'il y avait autre chose sous cette parole, c'était un vague soupçon excité par quelques parties du récit de la belle fille ; mais ce soupçon lui-même n'avait point d'assise, et, en définitive, sauf l'invraisemblable monstruosité de la conduite d'Ismaïl, rien ne disait que Susannah ne fût point sa fille.

Elle le comprit sans doute, car elle ne releva point ce cri échappé au cœur de Brian, et attendit un mot, une preuve qui pût soutenir cette affirmation si soudaine.

— Il est des choses, milady, reprit Lancester, répondant à la secrète pensée de Susannah, — il est des choses qu'on sent et qu'on ne peut point démontrer. — Je sens, — je sais, madame, — que ce médaillon venait de votre mère; je sais que cet homme ne peut être votre père... vous dire comment je le sais m'est impossible...

Susannah porta le médaillon à ses lèvres et le baisa longuement.

— Je veux vous croire, milord, dit-elle, pour ce qui est de la mystérieuse origine de ce médaillon... Il me sera désormais doublement cher, puisqu'il me parlera de tout ce que j'aime... de ma mère et de vous... de ma mère, dont vous me révélez l'amour, de ma mère, que vous me rendez, pour ainsi dire, et que vous me montrez derrière un voile que je n'avais pas su entièrement soulever... Oh ! merci pour elle et pour moi, milord... voici que vous venez de m'apprendre que je ne vous aime pas assez encore !...

Elle leva sur Brian ses beaux yeux pleins de tendresse et de gratitude infinies.

— Quant à Ismaïl, reprit-elle ensuite, vous vous trompez, milord, il était mon père... mais c'était un homme qui, autant que j'en puis juger par mes souvenirs, combinés avec le peu d'expérience acquise pendant ces derniers jours, avait des idées et des principes bien différens de ceux des autres hommes... Il ne croyait à rien, il se raillait de tout, et savait affubler d'un nom méprisant ou moqueur chacune des vertus admises par le monde... La chose la plus ridicule à ses yeux eût été justement la plus sainte aux vôtres, et quand il se vantait orgueilleusement d'être juif, c'est qu'il attribuait à tous ceux qui suivent la loi de Moïse des sentimens pareils aux siens... Peut-être était-ce une calomnie... et cependant, lorsque j'ai vu rassemblés, parfois, les frères d'Ismaïl à Damas, à Paris, à Londres, j'ai pu me convaincre qu'Ismaïl n'était ni le plus avide ni le plus mécréant parmi eux.

Car j'ai vu bien des choses, milord, dans ces assemblées où mon père rassemblait ses compagnons autour du *pain et du vin*. — J'ai vu bien des choses que je ne saurais point raconter, soit parce qu'elles sont sorties de ma mémoire, soit parce qu'il me manquait, lorsque je les ai vues, ce qu'il fallait pour les comprendre ou m'y intéresser.

Mais j'ai vu aussi que ceux qu'Ismaïl appelait ses frères étaient le rebut de la nation juive. — Il y a dans Israël des hommes justes et bons. Je n'ai point connu ceux-là, parce qu'ils n'eussent pas voulu, sans doute, franchir le seuil déshonoré de la maison de Goodman's-Fields.

A la suite de l'entretien que je vous ai rapporté tout à l'heure, Ismaïl me quitta, mais auparavant il me répéta que, le lendemain, commencerait pour moi une vie nouvelle,

Quelques minutes après, j'entendis dans le corridor des pleurs et des cris : c'était la voix de Tempérance, qui expiait ainsi le crime de m'avoir remis le médaillon; puis un silence se fit.—Depuis lors, je n'ai jamais revu Tempérance, et j'ai souvent frissonné à la pensée que, peut-être...

Mais mon père l'avait chassée seulement, je veux le croire; pourquoi aurait-il tué cette malheureuse et inoffensive créature?

Lancester ne put retenir un mouvement de répulsion énergique à l'idée de ce meurtre possible commis sur la personne d'une femme, —si bas tombée, d'ailleurs, que fût une femme. Il avait beau se dire que, dans tout ce récit, il s'agissait d'un criminel qui avait payé sa dette à la justice humaine, son cœur se révoltait violemment à chaque instant, non seulement à la pensée de tant de bassesse froide et réfléchie, mais encore en songeant que Susannah, la femme qu'il respectait à l'égal d'un ange, avait subi cette immonde tyrannie, — et en songeant aussi que lui-même, autrefois, avait pénétré bien souvent dans l'antre du juif, qu'il s'était assis sur son canapé, qu'il avait touché sa main, peut-être, après quelqu'un de ces marchés usuraires où il escomptait autrefois ses dernières ressources.

Susannah, elle, n'éprouvait à rappeler ces brutales scènes qu'un sentiment de tristesse calme et morne, qui rendait à sa noble physionomie quelque chose de ce lourd voile d'apathie dont nous avons parlé au commencement de ce récit. — Il nous faudrait des mots nouveaux pour peindre d'un trait la situation nouvelle ou tout au moins étrange de cette âme, qui, restée pure, était néanmoins comme blasée sur le mal, — tant le crime et le vice s'étaient montrés à elle effrontés, cyniques, raisonnés, depuis les jours de son enfance jusqu'à ce moment, où elle respirait enfin un autre air que celui de la honte.

Dieu avait mis en Susannah un cœur robuste et une exquise sensibilité; mais la sensibilité, pour être affectée, exige en quelque sorte l'imprévu, l'inconnu. Le chirurgien qui pleure devant une scène de drame peut trancher sans sourciller les chairs d'un malade ou suivre avec le fer les traces d'une balle au travers d'une poitrine amie. Susannah ne se représentait Ismaïl que d'une certaine façon ; elle l'avait vu immuable et froid dans sa ténébreuse carrière, elle ne le pouvait voir autrement, et ne pouvait certes non plus s'émouvoir de se le rappeler ainsi. La douleur seule, une douleur d'habitude et sans élancemens était possible pour elle.

— Me voici arrivée, milord, à une autre période de mon histoire, reprit-elle. Ma vie changea tout-à-coup, sans transition aucune.

Le lendemain, ce fut une femme étrangère qui vint présider à mon lever. Ma sauvagerie me sollicitait à ne point lui adresser la parole ; mais, d'un autre côté, je voulais m'informer de Témpérance, et ce désir, augmenté par une vague inquiétude sur le sort de la pauvre fille, fut plus fort que ma timidité.

J'interrogeai la nouvelle venue, qui se prit à sourire et prononça quelques mots en une langue étrangère. Elle ne savait point l'anglais.

Elle commença aussitôt ma toilette. Les habits dont elle me revêtit n'étaient point mes habits de la veille. C'était une belle robe neuve, dont la ceinture de soie emprisonnait étroitement ma taille, libre jusque-là de tout lien. Elle peigna et frisa mes cheveux, qui, pour la première fois, tombèrent en symétriques anneaux le long de mes joues.

Quand je me regardai dans la glace, milord, en sortant des mains de cette nouvelle camériste, je poussai un cri de joie. Pour la première fois, le sentiment de ma beauté surgit en moi. Je ne me reconnaissais pas. Je rougissais, je souriais, j'étais heureuse, et fière, et honteuse. J'aurais voulu tout à la fois me montrer aux regards et voiler mon visage. — J'étais femme déjà, puisque j'éprouvais ce double et contradictoire sentiment de la femme : le désir de briller, le besoin de mettre un rempart entre soi et les regards de la foule.

Ce jour-là, dès le matin, je fus introduite dans une salle du premier étage de la maison de Goodman's-Fields que je ne connaissais pas. C'était un grand et magnifique appartement, tapissé de velours rouge et tout entouré de tableaux rares. Il y avait un beau piano, une harpe, des livres richement ornés sur le tapis des tables, et des albums ouverts sur le piano, sur les guéridons, partout.

Les tableaux étaient des sujets mythologiques, traités dans un sentiment de volupté abandonnée; les albums... Milord, il y a huit jours que j'ai appris à rougir, et je ne puis vous dire ce qu'il y avait dans les albums.

Tout cela frappa mes yeux et produisit sur moi une première impression tout agréable. J'admirai les belles nymphes, couchées au milieu de paysages splendides ou montrant les contours divins de leur corps à travers l'eau cristalline des fontaines consacrées. Les albums étaient richement reliés ; j'admirai leur dorure, mais ce qu'ils contenaient n'excita rien en moi, pas même la curiosité.

Je ne puis croire, milord, malgré tout ce qu'Ismaïl a tenté contre mon esprit et mon cœur, je ne puis croire que ces tristes recueils eussent été placés là exprès pour moi. Ismaïl était trop adroit pour cela. — Mais ce salon lui tenait lieu de boudoir ; c'était la place naturelle de ces albums.

Le lendemain, du reste, ils avaient disparu.

Dieu m'a protégée en tout ceci, milord, et je lui rends grâce du fond du cœur. Tant qu'il n'y eut rien entre Ismaïl et moi, tant que mon âme resta sans défense aucune contre ses suggestions perfides, je fus couverte par mon âge, — puis, au moment où ses enseignemens eussent pu agir efficacement sur mes sens, sinon sur mon cœur, vous êtes venu, milord, vous qui, sans le savoir, avez été ma protection, mon bouclier contre le mal, mon ange gardien !

Lancester joignit ses mains par un geste involontaire, et son mâle regard s'éleva, reconnaissant, vers le ciel.

— Et moi aussi, je remercie Dieu, madame ! prononça-t-il avec une religieuse gravité ; — je remercie Dieu de m'avoir fait l'aveugle instrument de votre salut, et de vous avoir conservée pure, Susannah, dans l'antre même du vice et du crime.

Il prit sa main, qu'il toucha respectueusement de ses lèvres, et poursuivit :

— Me pardonnerez-vous, madame? Depuis une heure que vous parlez, j'ai plus souffert que durant une semaine de martyre... J'avais peur... peur toujours de voir le vice attaquer, — inconnu qu'il vous était, — non pas votre âme, mais vos sens... J'avais peur de le voir entrer en vous par surprise, à la faveur des enseignemens de cet homme qui se disait votre père, — car il n'était pas votre père, milady!... Mais vos dernières paroles ont déchargé mon cœur d'un poids écrasant... Et je dis encore merci à Dieu, merci à genoux et du fond de l'âme, pour vous avoir gardé votre robe d'innocence au milieu de ces affreux dangers... Oh! Dieu est bon, madame, et je le servirai désormais!

— Nous le servirons, milord, nous prierons... et que je prierai ardemment, moi, en demandant au ciel qu'il vous fasse heureux!...

Je demeurai un instant seule dans le salon, et, s'il faut le dire, durant les quelques minutes que j'y passai, je me regardai bien des fois dans la glace. Ma robe neuve me tournait la tête, et j'aurais volontiers sauté de joie si je n'avais éprouvé un sentiment d'anxiété timide à la pensée des étrangers qui, sans doute, allaient être introduits auprès de moi.

— Bravo! miss Suky! à la bonne heure, s'écria mon père, qui me surprit au moment où j'essayais de me voir tout entière au moyen des réflexions combinées de deux glaces; — à la bonne heure, ma fille! admirez-vous... Dans peu, Dieu merci, j'espère qu'il y aura bien des lords pour vous regarder et vous admirer.

La honte d'avoir été surprise ainsi, honte naturelle, je pense, milord, et qui nous vient à nous autres femmes, indépendamment de toute leçon, amena le rouge à mon front.

— Pourquoi rougir, Suky? reprit mon père; à coup sûr ces couleurs vous rendent encore plus belle, mais ce que vous faites là est bien, et il n'en faut point rougir... Le premier, le plus grand, le seul mérite d'une femme, c'est sa beauté ; pourquoi lui serait-il défendu d'en tirer orgueil ?

Un personnage à mine obséquieuse, qui était entré derrière Ismaïl et se tenait auprès de la porte, se prit à sourire d'un air approbateur.

— Vous avez raison, mon bon monsieur Spencer, dit-il en s'inclinant respectueusement, — et mademoiselle Susanne a raison aussi.

Cet homme était un juif français qui devait m'apprendre à parler sa langue et à danser suivant la mode de Paris. — En même temps, je devais apprendre l'italien et l'allemand sous des professeurs juifs de ces divers pays, qui, réunis, m'enseigneraient en même temps la musique.

Cela fut ainsi, milord. Dans mes journées, désormais entièrement remplies, il n'y eut plus de place pour l'ennui ou pour la rêverie : à peine en resta-t-il une toute petite pour la réflexion.

Bien que je n'eusse point les mobiles étrangers qui, d'ordinaire, poussent les jeunes filles au travail, j'étudiai avec une bien grande ardeur. Tout ce qu'on me montrait était pour moi si complétement nouveau, que tout m'intéressait au degré suprême.

Est-il besoin de vous le dire, milord, lorsque mon maître m'enseigna d'abord la lecture, base de toutes leçons, les prémières lettres que j'appris furent ces lettres gravées au fond de ma mémoire, et que mon père avait effacées du médaillon.

Je faillis me tromper, car la présence d'esprit d'Ismaïl avait été grande. Henry, pour qui ne sait pas lire, ressemble beaucoup à Mary, et c'était ce nom de Henry que mon père avait jeté comme au hasard en réponse à mes questions. Mais Dieu m'a donné une mémoire précise, et, en ce temps, elle gardait d'autant plus minutieusement les moindres souvenirs confiés qu'elle avait moins d'occasions de s'exercer.

Quand je sus épeler ce mot de Mary, je me crus savante ; — et je l'étais, milord, puisque, d'après votre raison comme d'après mes instinctifs et secrets espoirs, le nom dont je venais de conquérir la connaissance est celui de ma mère...

J'appris cependant tout ce qu'on voulut m'enseigner avec une rapidité dont mes maîtres s'étonnaient et dont s'applaudissait mon père. Une seule branche de mon éducation ne marchait point suivant ses désirs : c'était justement celle dont il s'était chargé.

Mon père, en effet, continuait en ce temps à s'entretenir fort souvent avec moi ; mais l'enseignement de mes maîtres contredisait fatalement le sien, malgré mes maîtres eux-mêmes. Il n'est point de livre, milord, si mauvais qu'on se le puisse représenter, qui ne contienne quelques maximes empruntées à la vraie morale. Or, mes professeurs étaient bien forcés de se servir de livres pour m'apprendre les langues.

Çà et là je trouvais donc la vérité ou des lambeaux de vérité. Ce n'était pas assez pour me faire bonne systématiquement; c'était assez pour me mettre en défiance contre les paradoxes inouïs de mon père.

On eût dit, milord, qu'il avait pris la triste tâche de retourner mon pauvre cœur pour en extraire tout sentiment noble ou vertueux. Je lui pardonne, hélas! mais, maintenant que je mesure l'effrayante perversité de son œuvre, je tremble en songeant qu'il eût pu réussir dans son dessein de ravage insensé.

Il érigeait devant moi le mensonge en vertu, le mensonge et l'hypocrisie ; il racontait avec enthousiasme des traits de fraude audacieuse...

Mais Dieu me garde de m'apesantir sur ces repoussans détails, et qu'il me suffise de vous dire que tous les vices qui déshonorent notre pauvre nature étaient élevés par lui sur un perfide piédestal et offerts à mon admiration chaque jour !...

Quel pouvait être son but ?...

— Son but, s'écria Brian de Lancester, qui, pâle et les dents serrées, comprimait à grand effort sa puissante indignation ; — son but, madame !... Oh ! je ne saurais vous le dire, car ceci dépasse tout ce que j'entendis jamais de haïssable et d'odieux... Il est mort!... La justice des hommes et la justice de Dieu sans doute aussi ont passé sur sa tête... La loi humaine l'a tué ; la vengeance divine le tient à présent dans sa main terrible... Mais, quelles que soient les tortures de ce double supplice, elles sont trop douces pour son détestable crime...

— Je prie Dieu qu'il ait pitié de lui, tous les soirs, depuis huit jours, milord, répondit Susannah avec un sourire de céleste miséricorde ; — je lui ai pardonné ; je ne vois plus en lui que mon père, et si je vous dis toutes ces choses qui l'accusent, Brian, c'est que je ne me crois point le droit de vous rien cacher...

Comme je vous l'ai déjà dit, ses leçons faisaient sur moi peu d'effet. Je ne haïssais point le vice, parce que j'ignorais la vertu, mais j'accueillais froidement sa parole, et les images séduisantes qu'il me traçait parfois avec une éloquence pleine d'entraînement n'impressionnaient en rien mon esprit ni mon cœur.

Il s'en étonnait, et, cherchant la cause de cette inerte résistance ailleurs qu'en moi, enfant sans défense et sans volonté de repousser le poison offert et inconnu, il s'en prenait à mes maîtres, qu'il croyait infidèles à ses instructions, il les chassait, et les remplaçait par d'autres plus dévoués... Il avait tort : mes maîtres s'acquittaient de leur mission en conscience. Ils étaient juifs, et les gens de cette nation que fréquentait mon père, milord, étaient de ceux qui font leur prix d'abord, reçoivent, puis exécutent aveuglément. L'or leur fermait les yeux et faisait taire leur conscience. Ils eussent désobéi seulement si l'on eût omis de les payer.

Tels étaient les juifs qui servaient mon père, milord. Il n'est point de nation, hélas! et point de religion qui n'ait ainsi son misérable côté.—Que de chrétiens m'ont traitée cruellement lorsque j'errais, mourante, dans l'inhospitalière solitude de Londres!...

Quoi qu'il en soit, Ismaïl avait beau changer les gens qui m'entouraient, je restais toujours la même, ardente à tout enseignement nouveau, et rétive à ses leçons. — Les quelques lambeaux de généreuses pensées que j'avais surpris dans les livres frivoles ou pernicieux qu'on mettait entre mes mains me faisaient soupçonner un autre monde en dehors du cercle vicié où se passait ma vie. Je ne savais pas, mais je doutais, et il faut croire que le doute suffit, milord, quand il est étayé par quelques hauts instincts tombés de la main de Dieu pour soutenir durant un temps la lutte contre le mal. On ne remporte pas la victoire, mais on n'est pas vaincu, tant que l'âge n'est pas venu où la passion peut mettre son poids dans la balance.

Quand cet âge vint pour moi, milord, Dieu vous envoya sur mon chemin...

Au bout d'un an je savais le français et les autres langues; je commençais à chanter en m'accompagnant du piano ou de la harpe; je dansais comme on danse sur les théâtres. J'étais telle, enfin, que mon père pouvait me désirer sous ces divers rapports.

Un soir, après mes leçons, il vint vers moi.

— Miss Suky, me dit-il, cette nuit je donne le pain et le vin à mes frères; vous leur devez amour et respect, car ce sont des hommes selon mon cœur, adroits, audacieux et habiles à tromper la sotte et méchante engeance qu'on nomme le monde... Je vais vous produire devant eux... Faites-vous bien belle, miss Suky, afin que tous mes frères m'appellent un heureux père.

C'était un ordre; je n'eus rien à répondre.

Au moment où je me dirigeais vers ma chambre, qui était toujours la même, à côté du parloir donnant sur le jardin, il me rappela.

— Ne seriez-vous pas bien aise de revoir Roboam? me demanda-t-il?

Il y avait un an que je n'avais vu le pauvre muet, qu'on avait éloigné de moi en même temps que Tempérance; j'avais si peu de souvenirs, milord, que chacun d'eux m'était cher.

Je témoignai de la joie à la pensée de revoir Roboam.

— Venez donc, me dit mon père en me prenant par la main.

Il me fit passer par la porte opposée de son *boudoir*, et, au lieu d'entrer dans la salle à manger, qui faisait suite, il ouvrit une petite porte latérale percée dans l'entre-deux. — Je ne soupçonnais nullement l'existence de cette porte. — Nous traversâmes un corridor très étroit, éclairé par une lampe, et, au bout d'une dizaine de pas, nous nous trouvâmes au pied d'un escalier raide comme une échelle, dont la cage se terminait par une lanterne.

— Montez, Suky, montez, reprit Ismaïl, c'est là-haut que demeure Roboam.

Je montai, sans aucun sentiment de frayeur, et n'éprouvant autre chose qu'une curiosité assez vive.

Arrivé au second étage, — qui devait être le troisième de la maison, puisque ce mystérieux escalier commençait au premier, mon père frappa doucement à une porte basse, qui s'ouvrit presque aussitôt. Avant d'entrer, il me regarda en souriant, mais cette fois, sous sa raillerie, il y avait de la frayeur.

— Miss Suky, me dit-il d'un air fanfaron et à la fois amer, — voici mon cabinet de travail... Je vais vous dire un secret, ma fille : le lendemain du jour où un homme pénétrerait jusqu'ici, votre père, Ismaïl Spencer, serait pendu, miss Susannah.

— Qu'est-ce que c'est, monsieur, qu'être pendu? lui demandai-je.

Son sourire le trahit et une contraction nerveuse agita sa mâchoire.

— C'est une jolie chose, répondit-il; je vous promets de vous faire voir cela quelque jour...

XV

LE CABINET DE TRAVAIL.

Ces mots, qui devaient avoir, pour lui et pour moi, une portée si terrible, poursuivit Susannah, ne me firent aucune impression. Où aurais-je pris l'idée des châtimens de la justice humaine, moi qui avais grande peine à m'empêcher de croire que le crime mérite une récompense ici-bas?

La pièce que mon père appelait son cabinet de travail était un vaste laboratoire où les objets les plus dissemblables se trouvaient jetés pêle-mêle. A gauche, en entrant, sur une grande table, je vis, rangé avec un certain ordre, un grand nombre de costumes divers. Il y avait des habits militaires de différens pays, des robes persanes, des burnous arabes, un uniforme complet de policeman, des habits de cour et des houpelandes de toile écrue comme en portent les gens du port.

A côté de la table, sur une toilette, étaient rangés des pots de pommade de nuances graduées, des fioles, des barbes postiches, et, sur une tête à perruque, s'étageaient les soyeux anneaux d'une magnifique chevelure blonde, qu'on eût dit avoir été arrachée tout d'une pièce à la tête d'un homme, tant elle était merveilleusement imitée.

Plus loin, dans un casier, il y avait une multitude d'outils, grands et petits, que j'ai su depuis être des instrumens de serrurerie.

Immédiatement après le casier venaient des armes. C'étaient des poignards de formes et de dimensions diverses, des pistolets, et de ces courts fléaux de plomb dont la blessure est, dit-on, presque toujours mortelle.

Je passais parmi tout cela, milord, comme un enfant au milieu des raretés d'une *exhi-*

bition (musée) publique. Je regardais curieusement, mais sans émotion aucune, ces choses dont la moindre avait sa destination propre, adaptée à un genre particulier de crime.

Oh ! je sais maintenant à quoi tout cela sert, milord. Et ne vous étonnez pas de ma science. J'ai assisté au procès d'Ismaïl Spencer. J'ai vu apporter l'une après l'autre dans l'enceinte du tribunal toutes les pièces du cabinet de travail de mon père. Le juge se chargeait d'expliquer la destination de chaque instrument. — Chacun d'eux a contribué pour un peu à faire pendre mon père.

— Comment trouvez-vous cela, miss Suky? me demanda Ismaïl.

— Oh! monsieur, m'écriai-je, voilà un couteau tout pareil à celui du mendiant qui a égorgé ma pauvre Corah.

— Douze heures après sa mort!... ajouta mon père en ricanaut. J'ai entendu parler de cela... Ce diable de Bob n'est pas juif, mais il ira loin.

Il y avait encore bien d'autres choses dans le cabinet secret de mon père, mais j'arrive tout de suite à l'objet de notre visite.

Tout au bout du cabinet, à droite de l'entrée, il y avait une case en planches à peu près semblable à celles qu'on voit dans les public-houses. Cette case formait un petit bureau où se tenait le muet Roboam.

Qu'il était changé, milord, depuis un an ! Ses joues haves et creuses se couvraient d'une barbe inculte et souillée; sa chevelure avait crû jusqu'à couvrir ses épaules. Il avait l'air d'un vieillard sauvage, maladif, épuisé. — Les captifs doivent être ainsi après un demi-siècle de prison.

Il leva sur moi son œil morne, et ne me reconnut point d'abord. Aussi se remit-il aussitôt à sa besogne que je vous expliquerai tout à l'heure.

— Eh bien ! Roboam, lui dit mon père, tu ne reconnais pas miss Suky ?

Le muet releva son regard d'un air étonné, — puis il poussa un grognement joyeux, et un doux sourire passa furtivement parmi ses traits ravagés.

Il me fit un signe de tête amical et en même temps respectueux.

— Bon Roboam, lui dis-je, pourquoi ne vous voit-on plus?

Il regarda mon père d'un air craintif qui disait éloquemment l'immense poids de servitude dont ce dernier l'accablait. — Ce regard fut double, comme tout regard d'esclave. J'y démêlai une soumission forcée, et, sous cette soumission, de la haine.

Par quel pouvoir Ismaïl avait-il pu séquestrer cet homme, réduire son aversion au silence et se faire obéir? — Je ne l'ai jamais su, milord, mais on dit que les hommes forts et courageux ont su dompter souvent des lions et des tigres, jouer avec eux et leur imposer les caprices de leur volonté.

Voici quel était l'office de Roboam, dans ce laboratoire d'où il n'était point sorti une seule fois depuis un an.

Tout autour de lui, sur la table qui emplissait presque entièrement sa case, il y avait de petits papiers taillés en long, estampés diversement et couverts d'écriture. Çà et là, on voyait des outils de graveur, des encres de nuances différentes, et de ces petits morceaux de bois dur sculpté dont je vous ai parlé déjà.

Roboam contrefaisait pour mon père les effets des principales maisons de commerce de Londres.

Ou plutôt il tâchait de les contrefaire, car la pauvre créature n'avait pu produire encore jusque-là d'imitation assez parfaite au gré d'Ismaïl, et Dieu sait combien de rudes et cruelles corrections avaient suivi chacune de ces tentatives imparfaites!

Ce n'était pas chose aisée pourtant, et il était permis d'échouer dans ce criminel et difficile labeur. Il fallait imiter plus de cent signatures, contrefaire autant de sceaux, copier autant d'estampilles; il fallait saisir et reproduire minutieusement ces mille nuances que les gens du commerce reconnaissent, à ce qu'il paraît, d'un coup d'œil, et qui constituent des différences entre les papiers de telle et telle grande maison, des signes auxquels il n'est point permis à un homme d'argent de se méprendre.

Et Roboam tâchait, le malheureux. — Du matin au soir il travaillait, retouchant ses matrices, corrigeant ses cachets, et habituant sa main à contourner hardiment et d'un trait les capricieux méandres d'un paraphe commercial.

Après chaque tentative, mon père venait inspecter le résultat; et mon père était un inspecteur sans pitié, milord. Son œil clairvoyant découvrait les plus imperceptibles défauts. Or, comme il s'agissait de jouer sa tête, aucun défaut, si petit qu'il fût, ne pouvait être excusé.

Alors, Roboam, découragé, s'endormait dans un désespoir de brute domptée. Il brisait ses outils et se couchait tout de son long dans la poussière du laboratoire. Mon père prenait un bâton et frappait. Il frappait jusqu'à ce que Roboam, vaincu par la douleur, se levât et recommençât.

Voilà pourquoi Roboam était si pâle et pourquoi son visage était devenu celui d'un vieillard.

Certes, le pauvre muet avait été pour moi un gardien rigide, mais de même que pour Tempérance, il ne me restait de lui qu'un bon souvenir. Comparés aux maîtres qu'on m'avait donnés depuis un an, ces deux malheureuses créatures avaient tout l'avantage. L'un et l'autre m'avaient témoigné parfois de la sympathie, sinon de l'affection. Je vous l'ai dit, milord, je les aimais.

Je lui tendis, ma main, qu'il saisit et porta à ses lèvres. — Puis il me montra d'un geste passionné la fenêtre ou plutôt l'air libre qui était derrière la fenêtre, et il fit mine de respirer longuement...

Pauvre Roboam !

Tout était servitude et captivité dans la maison de mon père. Le pauvre muet, qui avait été mon geolier, portait des chaîne à son tour. Ismaïl garrottait ainsi tous ceux dont il avait besoin.

Au geste de Roboam, si expressif et si plein de détresse, à ce geste qui mendiait si énergiquement un peu de liberté, mes yeux se remplirent de larmes. — Ismaïl haussa les épaules et se prit à rire.

— Sur ma foi, miss Suky, dit-il, vous joueriez très passablement le rôle d'une jeune fille persécutée, vertueuse et compatissante, au théâtre royal de Hay-Market. Ceci n'est point un compliment, miss Suky, et nous verrons peut-être à vous lancer dans la carrière dramatique..... Mais nous ne sommes pas montés si haut pour nous attendrir seulement, et si cette brute de Roboam veut à toute force respirer de l'air frais, n'a qu'à faire un petit trou à la muraille... Voyons, Roboam, parlons sérieusement : avez-vous avancé la besogne?

Roboam plongea la main dans une caisse cachée derrière sa table et la retira toute pleine de billets qu'il tendit à mon père.

Celui-ci s'assit, prit un lorgnon et commença l'examen.

Cela faisait grand pitié, milord, de voir le pauvre Roboam suivre d'un regard anxieux chacun des mouvemens de mon père. Son œil tâchait de lire sur l'impassible physionomie d'Ismaïl. — Il tremblait par instans, le malheureux; d'autres fois, il fronçait ses épais sourcils comme si une idée de lutte eût traversé son esprit. Mais les muscles de sa face se détendaient bientôt; son regard perdait jusqu'à l'inquiétude qui l'animait naguère. Il ne restait sur son visage, devenu inerte, que l'expression d'un découragement sans bornes.

Et pourtant il y avait quelque chose chez ce Roboam, milord. Son énergie, vaincue maintenant, avait dû être grande autrefois, et il avait fallu sans doute bien des coups de massue frappés sur cette robuste tête pour la courber ainsi sous le joug.

Mon père, cependant, prenait les effets de commerce un à un, les palpait, les lorgnait, les retournait et semblait vouloir compter chaque grain du papier.

— Du diable si ce coquin sans langue n'est pas bon à quelque chose! dit-il enfin; — voici la signature de Dawes, Peebles and Sons, de Ludgate-Hill, imitée de main de maître... Tu auras une pinte de sherry ce soir, Roboam!... C'est bien... c'est ma foi très bien!

Roboam reçut ces complimens sans sourciller. Un seul sentiment était encore en lui : la crainte...

Je me trompe, milord. Il y avait autre chose en Roboam. Il haïssait et espérait se venger.

Mon père mit de côté une demi-douzaine de billets, et rendit le reste à Roboam.

— Voilà qui va mieux, lord Silence, lui dit-il; — beaucoup mieux. Tu arriveras à faire bien tout à fait, Roboam, et alors tu pourras te vanter d'être le muet le plus riche et le plus heureux qui soit au monde... Continue... il n'y a rien à dire sur Dawes, Peebles and Sons, rien, en vérité!... rien non plus sur Fauntlee de Thames-Street, rien sur Davys, Blount et Davys, les banquiers du roi, — dont le Dieu d'Abraham protège la très gracieuse majesté! Les autres laissent quelque chose à désirer... peu de chose, Roboam!... Quelques mois de travail encore, et tu seras le maître de la Cité de Londres.

Il serra dans sa poche les cinq ou six effets de commerce qu'il avait mis à part, et se dirigea vers la porte.

— Adieu, Roboam, dis-je au pauvre muet ; je reviendrai vous voir.

Il posa la main sur son cœur. — Mon père m'appela.

Roboam allongea la tête hors de sa case pour nous suivre jusqu'à la porte d'un regard jaloux. Nous allions au dehors, nous, et le pauvre muet restait cloué dans sa prison ! — Hélas ! milord, moi aussi j'étais prisonnière ! Et pourtant je sortis le cœur navré.

— Voyez-vous, Suky, me dit mon père, de même que l'homme est fait pour dominer les animaux privés d'intelligence, de même, parmi les hommes, les esprits vigoureux doivent régner sur les esprits faibles et obtus, de telle façon que les premiers soient les maîtres absolus des derniers... Vaus avez pitié de Roboam, je le vois, et je vous blâme... D'abord, Suky, croyez-moi, la compassion est un pauvre sentiment ; son moindre défaut est son inutilité... Ensuite, je suis le maître, il est l'esclave. Qu'importe qu'il meure à la tâche, s'il vous plaît ! Mais en voilà bien assez là-dessus... Ne parlez à personne de mon cabinet de travail, ma fille. Ces petits papiers que vous m'avez vu manier valent de l'or, beaucoup d'or ; mais quand un homme de police les touche ou les voit, ils se changent en poison mortel... Or, si vous parliez de mon cabinet secret, Suky, les hommes de police viendraient et me tueraient.

Nous avions descendu l'escalier, et nous nous trouvions auprès de la porte dérobée qui communiquait avec le salon. J'entendis un bruit de voix de l'autre côté de la porte, et je me cachai, timide, derrière Ismaïl. —C'étaient déjà les invités de mon père qui s'entretenaient en l'attendant. Il me fit passer par le boudoir et m'ordonna d'aller faire toilette.

Quand je rentrai, parée par les soins habiles de la femme de chambre française qu'Ismaïl avait attachée à mon service, un murmure s'éleva parmi les invités. Ils étaient douze et assis déjà autour de la table, couverte de mets recherchés. J'ai rarement vu, milord, une réunion de visages dont l'apparence fût plus respectable. Mon père était le plus jeune d'eux tous ; les autres avaient des barbes blanches ou grisonnantes, — de ces belles barbes qui tombent si majestueusement sur la poitrine des sages de l'Orient.

Je me sentis saisie de respect à la vue de cette imposante assemblée.

— Asseyez-vous, Susannah, me dit mon père avec douceur; — mangez et buvez en compagnie de mes frères qui vous aiment.

En vérité, milord, ma frayeur passa. Les voix que j'entendais étaient graves et douces. La plus rigoureuse décence régnait dans le maintien de tous, et l'entretien ne roulait point sur ces sujets tant affectionnés par Ismaïl, et qui m'étaient vaguement antipathiques. Ils causaient de commerce, d'argent, et parfois aussi des mœurs et coutumes de pays étrangers qu'ils avaient parcourus.

Des valets que je n'avais jamais vus chez mon père servaient à table et versaient le vin, dont les convives, sans exception, me parurent user avec une discrétion extrême.

Mais quand les viandes eurent disparu pour faire place au dessert, les valets couvrirent la table de flacons, et, sur un geste d'Ismaïl, disparurent en fermant les portes.

Alors la scène changea.

Quelques unes de ces barbes vénérables qui m'avaient inspiré tant de respect, tombèrent et laissèrent à nu des visages de jeunes hommes. En même temps, toutes les physionomies changèrent comme si un masque, collé sur chacune d'elles, eût été tout-à-coup arraché.

Un murmure de bien-être parcourut la ligne des convives. Ismaïl déboucha des flacons ; les verres furent emplis jusqu'aux bords. — On but : les voix s'élevèrent, mais sans atteindre encore le diapason de l'orgie.

— Eh bien! dit Ismaïl, comment trouvez-vous miss Susannah, mes compères?

— Jolie, dit l'un.

— Charmante, ajouta un second.

— Admirable! enchérit un troisième, — surtout quand elle rougit comme à présent... Vous en ferez ce que vous voudrez, Ismaïl.

— Ceci n'est pas douteux, répondit mon père.

— Et qu'en comptez-vous faire? demanda le marchand Eliezer.

— Il faut distinguer, répliqua mon père; j'en compte faire beaucoup de choses, dont la moitié environ est mon secret. Le reste, je puis vous le dire.

— Nous écoutons, dirent les convives.

Les flacons circulèrent à la ronde. Ismaïl reprit :

— Ne pensez-vous pas, mes compères, que Susannah pourrait passer par tous pays pour la fille d'un lord?

— Pour la fille d'un prince! s'écria un jeune juif nommé Reuben, en frappant la table de son verre vide.

Les autres approuvèrent d'un signe de tête.

— Eh bien! mes compères, continua Ismaïl, sous peu, j'aurai besoin de me faire lord, et Susannah, ma fille, sera l'une des pièces de mon déguisement... Ne faites pas de gros yeux, ami Eliezer. On peut parler ainsi devant Susannah, qui est une fille bien élevée.

Chacun alors me caressa du regard, et le

revendeur Samuel murmura quelque chose qui ressemblait à un appel aux bénédictions du Dieu de Jacob.

— Voilà pour un point, continua Ismaïl en me touchant paternellement la joue du revers de sa main ; — mais Susannah n'en demeurera pas là... J'ai besoin d'une sirène, savez-vous, mes compères, pour ramener les joueurs à mon *tophet* de Leicester-Square.

— Ça ne va pas bien ? demanda Eliezer.

— Ça va très mal... Un mécréant a monté un *enfer* (1) dans Coventry-Street, à cent pas

---

(1) *Hell* (enfer), nom donné dans l'usage aux maisons de jeu.

du mien... Les joueurs vont chez le mécréant, parce qu'ils y trouvent des femmes et de la musique... Chez moi on ne gagne pas assez souvent, voyez-vous, mes compères.

Un éclat de rire général accueillit ces dernières paroles.

— Cela fait deux usages auxquels me servira Susannah, poursuivit encore mon père... Il en est un troisième que je n'ai pas besoin de vous expliquer au long... Dieu merci, nos membres de la chambre haute aiment à se distraire de temps à autre, et je n'ai pas de préjugés...

Autre éclat de rire plus bruyant.

Des goutelettes de sueur perlaient entre les sourcils froncés de Lancester.

— Milord, reprit Susannah, tous ces hommes me regardaient avec envie, comme ils eussent regardé une pièce d'étoffe fine, dont on peut tirer un bon prix. — Mon père jouissait de la jalousie générale et faisait parade de son trésor.

— Vous voyez, mes compères, continua-t-il en souriant, que Susannah n'est point pour moi un objet de luxe. Et pourtant, je ne vous ai pas tout dit. Le principal objet auquel je la destine doit rester un secret; mais, croyez-moi, ce qu'on ne dit pas est toujours le meilleur, et il y a peut-être cinquante mille livres sterling sous ce mystère.

Les convives ouvrirent de grands yeux. Ismaïl tira négligemment de sa poche le portefeuille où il avait serré les billets contrefaits par Roboam.

— Mais buvons ! s'écria-t-il, et parlons d'autre chose... Eliezer, mon frère, voulez-vous m'escompter un effet de Dawes, Peebles and Sons ?

— L'argent est rare, dit Eliezer, dont le front souriant devint tout à coup sérieux. — De combien est cet effet, mon frère Ismaïl ?

— De quatre cent vingt-cinq livres et neuf shellings, Eliezer... Je vous laisserai volontiers les neuf shellings pour l'escompte.

— En vérité! murmura le vieux juif; neuf shellings et neuf livres avec pour l'escompte, mon compère... Je vous offre cela, parce que c'est vous... La commission, vous le savez, est de deux pour cent, ce qui fait huit livres dix shellings deux pence et demi.

— Soit! dit gaîment Ismaïl, — je vous aime, même lorsque vous m'écorchez vif, frère Eliezer... Voici l'effet en question, endossé par Mac-Duff et Staunton d'York.

Il passa l'effet à Eliezer, qui mit sur son nez mince et pointu une paire de lunettes en pinces.

Les autres convives, à qui mon père avait

fait un signe d'intelligence, buvaient, souriaient et regardaient Eliezer en dessous.

Celui-ci faisait subir au billet un minutieux examen.

Au bout de deux ou trois minutes, il ôta ses lunettes et tendit le papier à mon père.

— Réflexions faites, frère Ismaïl, je n'ai pas d'argent, dit-il d'un ton délibéré.

Mon père fronça le sourcil. Une violente contrariété se peignit sur son visage. — Les rieurs passèrent du côté d'Eliezer.

— Vous étiez disposé tout à l'heure ? commença-t-il.

— J'ai changé d'avis, interrompit sèchement Eliezer.

— Pourquoi?

— Parce que le billet est faux, mon compère.

Ismaïl frappa violemment son poing contre la table. Les veines de son front se gonflèrent et deux rides se creusèrent au dessus des coins de sa moustache.

— C'est vrai, dit-il en essayant de garder son calme; nos frères savent que je ne vous aurais point pris votre argent, Eliezer. Ils étaient prévenus : c'était une épreuve.

— A la bonne heure! murmura le vieux juif en humant lentement son verre de vin;

— alors, l'épreuve est défavorable, voilà tout. Celui qui a fait ce billet est un âne.

— Par où pèche-t-il?

— Par beaucoup d'endroits, mon frère. Il y a un anneau de trop au paraphe de Dawes, Peebles and Sons...

— C'est vrai! murmura mon père.

— Il y a, continua Eliezer, un trait de plume trembé dans la signature elle-même, et Peebles, qui signe d'ordinaire, a une main hardie et magnifique; jamais il n'eût fait un P aussi gauchement.

— C'est vrai, gronda Ismaïl, dont la colère s'amassait terriblement.

— Il y a enfin, dit encore le vieux juif, une faute d'orthographe dans le corps du billet, et le commis de Peebles est une manière de grammairien...

— La faute d'orthographe y est! s'écria mon père avec une véritable rage; — elle y est, par Belzébuth!... Ah! ce misérable Roboam se moque de moi... je vais le tuer!

Il but coup sur coup deux grands verres de vin, et se tourna vers moi.

— Allez chercher cette brute de Roboam, miss Suky, me dit-il; allez, et tout de suite!

Je tremblais comme la feuille, mais je ne bougeai pas. J'aurais mieux aimé mourir, milord, que d'aller chercher le pauvre Roboam en ce moment.

Mon père, cependant, me répéta l'ordre d'une voix tonnante, et, voyant que je n'obéissais pas, il leva sa main sur moi dans le paroxisme de sa rage...

— Et il vous frappa, milady?... interrompit Brian, qui était pâle et qui tremblait.

— Non, milord. Sa main retomba sans m'avoir touchée, puis il s'élança au dehors.

L'instant d'après, il reparut traînant Roboam par les cheveux.

XVI

ESCLAVAGE.

La physionomie de mon père était effrayante à voir au moment où il reparut sur le seuil. — Robam, à demi-mort d'épouvante, poussait des gémissemens inarticulés.

Mon père, bien qu'il ne fût pas plus robuste en apparence que le commun des hommes, possédait réellement des muscles d'athlète. Il lança Roboam avec tant de violence que le malheureux alla tomber à l'autre bout de la chambre. Les convives retournèrent paisiblement leurs siéges pour voir avec plus de commodité ce qui allait se passer.

Roboam restait immobile et prosterné à l'endroit même où il était tombé. Son regard, effrayé, couvait la physionomie de mon père. Il était pâle comme un mort, et les mèches éparses de ses cheveux qui couvraient à moitié son front et ses joues leur donnaient une teinte encore plus livide.

Mon cœur se serrait de peur et de pitié,

milord ; j'interrogeai de l'œil les convives pour chercher un appui au pauvre Roboam.

— Rien sur ces visages de marbre, si ce n'est un peu de curiosité froide et quelque impatience du dénouement.

Le juif Eliezer était boiteux et s'aidait en marchant d'une forte canne de bambou. Cette canne était appuyée au mur dans un angle du salon. Mon père, dont le regard parcourait en ce moment la chambre pour chercher une arme, aperçut le bambou et s'en saisit avidement. Sa colère atteignait son paroxisme. Il riait et rugissait par avant-goût de sa brutale vengeance.

— Dites-moi, frères, dites-moi, cria-t-il d'une voix entrecoupée, dites-moi ce que mérite un vil esclave qui expose son maître à la corde.

— C'est suivant les circonstances et les pays, répondit Samuel. En rase campagne, on fait ce qu'on veut ; à Londres, il faut de la prudence et une bonne bastonnade peut suffire à la rigueur.

— Une bastonnade me paraît concilier la prudence et la justice, appuya le vieil Eliezer avec gravité.

Ismaïl franchit en deux bonds l'espace qui le séparait de Roboam et la lourde béquille rendit un bruit sec en tombant sur les reins du pauvre muet.

Il tendit ses deux mains en suppliant ; Ismaïl les rabattit d'un second coup ; puis, sa fureur augmentant à mesure qu'il frappait, il fit mouvoir son arme avec une rage aveugle, sans relâche ni trêve, pendant plus d'une minute.

On entendait le râle sourd de Roboam, qui s'était affaissé sur lui-même, et le bruit incessant du bois meurtrissant la chair.

Et, tout en frappant, Ismaïl s'excitait et disait :

— Ah! tu fais une boucle de trop au paraphe de Dawes, Peebles and Sons, brigand détestable !... Ah ! brute infâme, tu trembles en traçant le P de Peebles !... Traître, maladroit, assassin, tu fais des fautes d'orthographe dans le corps d'un billet!... Tiens! tiens! tiens! (et chaque fois c'étaient d'effroyables coups, milord!) Tiens, misérable! tiens, Judas!...

Ismaïl s'arrêta, essoufflé ; la canne de bambou s'échappa de sa main, et il tomba lui-même, épuisé, sur un siége.

J'avais fermé les yeux pour fuir, autant que possible, ce hideux spectacle. — Quand les coups cessèrent, j'entendis les convives chuchotter autour de moi.

— Il est mort, dit Samuel en ricanant.

— Le frère Ismaïl a un fameux poignet ! ajouta un autre. Comme il y allait!...

— Je pense qu'il aura gâté mon bambou ! grommela le vieil Éliézer avec mauvaise humeur.

J'ouvris les yeux, et je vis, à la place où Roboam se tenait naguère à genoux, une masse inerte qui ne donnait plus aucun signe de vie.

Mais tout-à-coup cette masse s'agita lentement, et Roboam se dressa sur ses pieds en face d'Ismaïl haletant. Il tenait à la main le terrible bambou. — Je crus que c'en était fait de mon père.

Par un mouvement instinctif, et plus fort que ma volonté, je m'élançai entre Ismaïl et Roboam ; — c'était mon père qui tremblait, maintenant. Le muet, droit, le corps légèrement renversé en arrière, semblait prêt à frapper. Ses yeux lançaient de brûlans éclairs sous les poils mêlés de ses sourcils ; les muscles de sa face se contractaient avec une menaçante énergie. Tout cet affaissement qui m'avait fait tant de pitié naguère avait disparu. Un feu viril avait remplacé cette lourde glace de la vieillesse que la souffrance et la captivité avaient jetée sur sa tête. Il était terrible et fort parce qu'il était libre.

Les convives, cependant, ne bougeaient pas. Ce dénouement imprévu mettait de l'intérêt dans le drame. Ils regardaient.

— Pitié, bon Roboam ! m'écriai-je, ayez pitié de mon père pour l'amour de moi !

Il dessina un geste impérieux et violent pour m'ordonner de m'écarter; mais je lui résistai comme j'avais résisté à Ismaïl.

Celui-ci avait eu le temps de la réflexion, et il n'était point homme à négliger ce moment de répit que je lui procurais.

— Reuben, s'écria-t-il en allemand, langue que ne comprenait point Roboam, — prenez-le par le cou, mon frère, et je vous donnerai dix livres !

— Vous êtes témoins, dit Reuben aux convives.

— Nous sommes témoins, répondirent-ils ; Ismaïl Spencer a promis dix livres.

Roboam avait eu un mouvement d'hésitation en entendant ces mots, prononcés en une langue inconnue ; — Reuben s'était levé doucement, et s'avançait vers lui sur la pointe du pied.

J'ouvris la bouche pour le prévenir ; mais mon père me colla brusquement son mouchoir sur les lèvres.

Au même instant, les deux bras de Reuben se nouèrent autour du cou de Roboam, dont le visage devint pourpre aussitôt. Le bambou s'échappa de sa main ; il poussa un hurlement sourd et ferma les yeux, sans essayer de faire davantage résistance.

— Lâchez-le, Reuben, dit mon père ; il ne

faut pas le tuer... Sa mort n'enlèverait pas une boucle au paraphe de Dawes Peebles and Sons... Lâchez-le; sa rage est passée. Je le connais : il va se tenir tranquille.

— Cela vous regarde, frère Ismaïl, répondit Reuben, qui lâcha le cou du malheureux Roboam.

Il y eut un mouvement d'effroi parmi les convives : chacun s'attendait à voir le muet s'élancer sur mon père; mais il n'en fit rien.

— A genoux! lui cria rudement ce dernier.

Roboam se mit à genoux.

Mon père fit tournoyer au dessus de sa tête le terrible bambou; mais il ne frappa pas.

— Je te pardonne, dit-il, parce que tu es une brute. Je t'ai frappé comme j'eusse frappé un chien ou un cheval ; or, quand je frappe mon chien ou mon cheval, je m'arrête avant de tuer, non pour eux, mais pour moi, qui crains une perte... Remonte là-haut et travaille... travaille, entends-tu, ou malheur à toi !

Roboam se leva, courba la tête, et se dirigea vers la porte. Il ne se retourna que sur le seuil, et je frémis encore en songeant au regard qu'il darda en ce moment sur mon père.

Toute sa vengeance était dans ce regard. Les convives de mon père le sentirent comme moi.

Le vieil Eliezer secoua la tête lorsque Roboam eut définitivement disparu.

— Cet animal sauvage vous étranglera quelque jour, frère Ismaïl, murmura-t-il.

Mon père haussa les épaules avec dédain, et un sourire d'orgueilleuse supériorité vint sur sa lèvre.

— Ne vous occupez pas de cela, mes compères, dit-il ; il faut être bien piètre écuyer pour ne savoir point éviter la ruade d'un cheval vicieux.

— Eh bien ! répliqua Reuben en riant, la dernière ruade était malaisée à parer, je pense, frère Ismaïl, puisque vous avez acheté mon aide au prix de dix livres.

Mon père lui jeta sa bourse.

— Buvez, mes frères, dit-il, ou allez-vous-en ! ce sujet d'entretien me déplaît.

Les juifs mirent leurs sourires moqueurs dans leurs barbes et continuèrent à boire.

Ismaïl avait ses raisons, milord, pour braver ainsi la vengeance de Roboam. Il croyait connaître le pauvre muet, et, de fait, ce malheureux était dompté jusqu'au point de n'oser plus regimber, à moins de circonstances extrêmes. En outre, il y avait entre eux un lien que je n'ai jamais su définir. Roboam avait au fond du cœur, pour mon père, un respect dévot, une sorte d'affection superstitieuse semblable à celle des Indiens pour leurs redoutables fétiches.

Il avait sous la main, dans le cabinet de travail, des armes à profusion, et il n'essaya jamais de s'en servir contre Ismaïl.

Dans nos voyages, où il nous suivit constamment, en France, en Italie, dans l'Orient, il était libre, et ne tenta jamais de s'enfuir.

Sa servitude était en quelque sorte volontaire. Mon père exerçait sur lui un pouvoir absolu, et qui n'eût pas eu besoin du brutal appui de la force.

Nous restâmes environ six mois encore à Londres après la scène que je viens de vous conter, mais ma captivité cessa dès lors. Mon père me donna à entendre qu'une personne dont la rencontre était pour moi fort à craindre avait quitté la ville. En conséquence, il me fut permis de monter à cheval, d'aller au Park, et parfois même de passer quelques heures au spectacle. — Partout mon père m'accompagnait, et remplissait auprès de moi l'ancien rôle de Roboam.

— Voyez comme tout le monde vous trouve belle, Suky, me disait-il ; dans deux ou trois ans, ces complimens qui tombent sur votre passage, de la bouche de tant de nobles lords, iront droit à votre cœur... Vous aimerez, Suky, et vous serez heureuse.

Toute la maison de Goodman's-Fields était

désormais à ma disposition ; seulement, les valets avaient ordre de ne me point parler.

Vous le dirai-je, milord? ce que j'aimais le mieux en ce temps, c'était d'aller passer quelques heures dans la prison du pauvre Roboam. Ma présence le consolait, et j'étais heureuse du bien que je lui faisais.

Il me montra d'étranges choses en l'absence de mon père, et ce fut lui qui me fit connaître l'usage de ces essences et de ces pommades rangées sur la toilette du laboratoire.

Un jour, il se leva de la table où il travaillait sans relâche, et tira longuement ses membres engourdis, puis il secoua sa longue et inculte crinière, et se prit à sourire.

Vous savez, milord, combien est expressive la physionomie des gens privés de la parole. Le sourire de ce pauvre Roboam parlait naïvement et semblait dire :

— Ah! miss Suky, je veux vous faire voir quelque chose de surprenant!

Il me prit par la main et me conduisit vers la toilette, devant laquelle il s'assit. — Son geste était plein d'emphase, et ressemblait à ceux que prodiguent les escamoteurs avant de faire le plus curieux de leurs tours.

Il prit l'une après l'autre cinq ou six fioles

qu'il flaira et mit à part, puis il me fit signe de fermer les yeux. — J'obéis pour lui complaire.

Je pense vous avoir dit, milord, que Roboam était un homme de l'Orient. Son teint brun et luisant avait une couleur particulière qui se rapprochait du reste un peu du teint d'Ismaïl. Ses cheveux étaient d'un noir de jais, ainsi que sa barbe.

Je demeurai environ deux minutes les yeux fermés. Au bout de ce temps, Roboam me toucha le bras en poussant un grognement rauque et guttural qui était sa manière de sourire.

J'ouvris les yeux.

Sur ma parole, je ne le reconnus point, milord, et je reculai de plusieurs pas, effrayée, tandis qu'il riait de tout son cœur.

Il s'était opéré en lui un changement qui tenait de la magie. Son teint si brun tout à l'heure avait pris une nuance terne et blafarde... Tenez, milord, la nuance du teint de l'aveugle Tyrrel que vous nommez sir Edmund Mackensie...

— Sir Edmund Mackensie! répéta machinalement Brian de Lancester en l'esprit duquel semblait s'opérer un confus et pénible travail.

— Aucune comparaison ne saurait être plus frappante, reprit Susannah... entourés des pâles reflets de cette peau mate et comme farineuse, les yeux de Roboam avaient perdu leur sauvage éclat... il ressemblait à un homme d'Europe, à un Anglais, à un mendiant de Londres, abruti par la misère, cela d'autant plus que ses longs cheveux noirs tombaient maintenant en mèches incolores sur son front blanchi, et se mêlaient à la rude toison de sa barbe déteinte.

Pas un poil sur son visage, en un mot, qui eût conservé sa couleur naturelle...

— Et ce changement adoucissait l'expression de sa physionomie, madame? demanda Brian avec réflexion.

— Ce changement, milord, l'adoucissait en

ce sens qu'il lui ôtait tout caractère... ce rude visage était devenu tout-à-coup insignifiant et pareil à tous les visages des malheureux que nous rencontrons dans les rues.

— Ah! prononça Brian d'un air distrait et comme un homme qui pense tout haut, — je voudrais bien entendre parler sir Edmund Makensie, madame, lorsqu'il ne contrefait pas sa voix.

Susannah leva sur lui son regard inquiet et interrogateur.

— C'est une idée folle, madame, répondit-il, qui vient de traverser mon esprit... Veuillez poursuivre... Mes pensées, depuis que je vous écoute, fermentent et me portent vers l'impossible... Mais nous rentrerons dans la réalité de la vie, Susannah, ajouta-il d'une voix tendre et en souriant doucement ; nous y rentrerons bientôt pour être heureux à la façon de tout le monde... Aujourd'hui se sera passé le dernier chapitre de vos bizarres aventures... Nous clorons, Dieu merci, ce fantastique roman le plus tôt possible... Et que vous serez une noble femme parmi le monde, Susannah, vous dont le cœur a si long-temps résisté aux mortelles influences de cette atmosphère de vices et de crimes où s'est écoulée votre jeunesse !...

La belle fille sembla se recueillir pour savourer mieux ces paroles d'espérance. Un divin sourire errait dans les pures lignes de sa bouche, et ses yeux humides rendaient grâce éloquemment du bonheur promis.

— Le pauvre Roboam jouissait naïvement de ma surprise, reprit-elle après quelques secondes de silence. Il me montrait ses cheveux, puis les fioles, pour me faire comprendre que les fioles contenaient de quoi changer instantanément la couleur des cheveux ; puis il me montrait sa joue et la pommade, et son grognement guttural témoignait de sa joyeuse humeur.

Tout à coup je vis tressaillir les muscles de sa face. Il ne rougit pas, parce qu'il ne pouvait plus rougir sous le masque dont il avait recouvert ses traits, mais son œil se tourna, terrifié, vers la porte.

Ismaïl était sur le seuil.

— Qu'est cela? demanda-t-il en fronçant les sourcils.

— C'est moi qui ai prié Roboam, monsieur... commençai-je.

— Mentez, Suky, mentez, ma fille, interrompit-il avec douceur; — vous ne sauriez trop vous exercer à ce métier-là... mais, par Belzébuth, il ne faut pas rougir pour si peu, miss Susannah... On ne rougit que de ce qui est mal, ma fille.

Il s'avança vers Roboam, dont il tira rudement les cheveux.

— Quant à vous, maître Silence, lui dit-il,

vous êtes encore plus laid comme cela que d'habitude... Ne tremble pas, brute que tu es; je ne t'en veux pas. Mon intention était de faire quelque jour cette expérience devant miss Suky, car il est bon qu'elle connaisse toutes les gentillesses de notre état... Vrai, coquin de Roboam, tu n'es pas si maladroit qu'on pourrait le croire... L'auriez-vous reconnu dans la rue, miss Suky?

— Non, monsieur.

Il se prit à sourire.

— Bien des gens paieraient pour avoir ma recette, dit-il avec un évident contentement de lui-même... Allons, lord Silence, à la besogne! Nous devons être à peu près au bout de nos peines.

Roboam retourna dans sa case, et fit passer sous les yeux de mon père une certaine quantité de billets. Ils étaient parfaits, faut-il croire, car Ismaïl n'y trouva rien à redire.

— A la bonne heure! murmura-t-il; — nous allons pouvoir nous mettre en campagne... Cela formera Suky, et la rendra tout à fait digne d'appartenir à la pairie... Bien, Roboam, c'est très bien, cela... Je t'emmènerai avec moi, et tu serviras de page à miss Susannah... Es-tu content?

Le muet montra ses longues dents blanches dans un franc sourire de joie. J'étais probablement la seule personne au monde pour qui il ressentît de l'attachement, — car je ne puis nommer attachement la chaîne qui le rivait à mon père, bien que la dernière action de sa vie puisse prouver qu'il l'aimait à sa façon.

Nous partîmes quelques jours après pour la France, milord. Je vis la grande mer, et j'éprouvai, comme autrefois à l'aspect des montagnes, un respectueux élan vers la Divinité. — Mon père s'en aperçut, sans doute, car il redoubla de sceptiques blasphèmes et tâcha de jeter son amère raillerie au travers de mon enthousiasme...

Ce fut en vain. Je grandissais, et mon âme était de taille à contenir l'idée de Dieu. Cette idée, vague encore et tout environnée d'épaisses ténèbres, trônait néanmoins tenace, victorieuse, au centre de mon intelligence. On pouvait la fausser, mais non pas la détruire, et tous ses efforts pour l'étouffer ne faisaient que la développer davantage.

Je ne vous raconterai pas, milord, ce qui m'arriva en France, en Italie, en Orient. Nous restâmes quatre ans dans ces divers pays, et je les connais comme si j'y étais née, surtout la France, — la belle France, où je voudrais tant vivre avec vous, milord ! — Mais ce que j'y fis peut se dire en deux mots, parce que, durant quatre années, dans ces divers pays, je fis toujours la même chose.

J'aidais à tromper, Brian, je vous le dis la honte au cœur, et je trompais moi-même,

Une chose, en effet, manquait absolument dans l'édifice de morale que je m'étais bâti à tâtons et sans secours. Je n'avais pas l'idée de la propriété : le vol ne m'épouvantait pas, et le mot lui-même dont on se sert pour désigner ce crime, prononcé devant moi, n'aurait eu aucun sens réprobateur. J'aurais résisté à mon père, et résisté énergiquement, comme je le fis parfois en ma vie, s'il s'était agi de faire à autrui un mal physique;— mais extorquer de l'or à l'aide d'une fraude ne me semblait point chose condamnable, et ma persuasion intime était que chacun, en ce monde, vise à ce résultat.

Vous voyez que les tristes enseignemens de mon père n'avaient pas été perdus complétement; — en un sens, je méritais déjà les mépris du monde, et qui sait, mon Dieu! où je me fusse arrêtée sur cette pente glissante, moi qui avais un bandeau sur la vue, et qui entendais sans cesse murmurer à mon oreille de perfides et empoisonnés conseils!...

Susannah baissa la tête et se tut.

Brian prit sa main, qu'il effleura respectueusement de ses lèvres.

— Oh! relevez-vous, madame, dit-il d'une voix grave et basse où perçait son enthousiasme contenu; — relevez-vous, Susannah, et regardez qui que ce soit en face, vous qui ne craignez pas de mettre à nu votre belle âme, et qui n'avez point en votre conscience de recoins où cacher une part de vos souvenirs... Pourquoi rougir des crimes d'autrui, madame? Seriez-vous coupable, si, plongée dans une obscurité profonde, vous heurtiez votre semblable sur le bord d'un précipice? Si l'on poussait votre main armée d'un poignard dans une poitrine humaine, seriez-vous coupable?... Oh! que c'est être sainte, madame, que de pleurer ainsi des fautes qu'on ne commit point! Je dis du fond du cœur : Honte à qui verrait dans votre belle vie matière à blâmes ou à soupçons!... Moi je vous aime et je vous admire, Susannah!

— Merci, milord, merci! murmura celle-ci les larmes aux yeux; je savais que vous étiez bon, et noble, et généreux... mais je n'espérais pas tant, et l'indulgence était tout ce que je croyais pouvoir demander... Oh ! moi aussi, je vous aime... chaque minute davantage !... Puisse Dieu permettre que vous m'aimiez toujours !...

Le but unique et constant de mon père durant tout ce long voyage fut l'escompte des faux effets de commerce fabriqués par Roboam ; il réussit en grande partie, et vous n'avez pas été sans entendre parler de l'orage que causa sur la place de Londres ce vol collectif commis au préjudice des premières maisons de la Cité. — Partout où il passait, des lettres ou d'anciennes relations le mettaient en rapport avec des juifs livrés à quelque trafic ténébreux. Grâce à leur aide occulte, au noble nom dont il s'était affublé, grâce aussi, milord, je dois le dire, à l'appui machinal que je lui prêtais, il parvint à réaliser une somme considérable.

Quand nous quittâmes Damas pour revenir à Londres, mon père possédait plus de cinquante mille livres sterling.

J'étais une femme en ce temps déjà, milord. Des pensées sérieuses surgissaient dans mon esprit aux heures de la réflexion, et un vague besoin d'aimer et d'être aimée alanguissait ma rêverie.

Ismaïl me sentit mûre pour la partie la plus odieuse de ses desseins : il voulut trafiquer de mon corps et de mon cœur...

XVII

LA SIRÈNE.

En prononçant ces dernières paroles, le sein de la belle fille se souleva brusquement, et sa joue devint pâle, tandis que son œil noir lançait un fugitif éclair.

— C'eût été pour moi un moment bien terrible, milord, reprit-elle, si j'eusse deviné dès d'abord les intentions d'Ismaïl. Mais mon ignorance m'épargnait en partie l'angoisse de ma situation. Lorsque je compris enfin ce qu'on voulait de moi, j'étais forte... Je vous aimais.

Et puis, mon père n'eut pas le temps...

Son premier soin en arrivant à Londres fut de remonter sur un pied splendide sa maison de jeu de Leicester-Square. Vous savez, milord, de quelle vogue jouit cet *enfer* durant la plus grande partie d'une année. On le nommait le Club-d'Or (*Golden-Club*), et sa clientèle se composait exclusivement de la plus haute noblesse des Trois-Royaumes.

Mais mon père n'avait point abandonné pour cela sa maison de Goodman's-Fields. Il y pratiquait l'usure ; et son bureau d'escompte, établi dans les salles du rez-de-chaussée qui m'avaient servi si long-temps de demeure, ne désemplissait pas tant que durait le jour.

Ainsi, milord, cette pièce où vous êtes venu parfois emprunter de l'argent à Ismaïl était mon ancienne chambre. A la place même où était le comptoir de mon père se trouvait jadis mon petit lit d'enfant, et la première fois que je vous vis, à travers les carreaux de la fenêtre donnant sur le jardin, vous étiez assis à la place où je m'endormis, la tête appuyée sur l'épaule de ma pauvre Corah, ce soir où je vis ma mère en rêve...

C'était peu de temps après notre arrivée à Londres. Je me promenais dans le jardin, donnant déjà mon âme à ces vagues pensées qui emplissent les têtes de jeune fille. Les premiers souffles du vent de printemps arrivaient jusqu'à moi par fraîches bouffées et quelques pauvres oiseaux, égarés par l'immensité de Londres, chantaient doucement sur les branches où pendaient déjà quelques grappes de clairs feuillages.

J'entendis du bruit dans l'antichambre. C'était vous, milord, qui veniez d'entrer. — Un hasard étrange... — ma destinée sans doute... me fit entr'ouvrir curieusement la porte du jardin afin de regarder.

Je vous vis et je vous trouvai bien beau.

Mon père avait amené de France deux grands laquais qui vous barraient le passage.

— Vous ne vous fâchâtes point ; vos traits gardèrent leur indifférence hautaine, et pourtant ils se rangèrent dès que vous leur eûtes adressé quelques mots accompagnés d'un geste impérieux.

Je m'étonnai, milord, car j'avais vu souvent ces mêmes hommes résister insolemment à des visiteurs. Je m'étonnai surtout de ce pouvoir que vous aviez de forcer l'obéissance sans éclats de voix, sans menaces et sans colère.

Mon père aussi se faire obéir, mais seulement par la terreur.

C'était la première fois, milord, que je voyais un homme né pour commander. Votre voix tranquille apporta vers mon oreille des vibrations inaccoutumées ; votre froid regard, qui semblait dédaigner le courroux en face de ces valets, mais qui appuyait, ferme et résolu, l'impérieux laconisme de votre ordre, me remplit d'admiration et de crainte. — C'étaient là pourtant, n'est-ce pas, choses qui n'eussent point surpris beaucoup de jeunes filles dans Londres, mais il ne faut pas oublier parmi quel entourage s'était passée ma jeunesse...

Et il faut penser aussi, Brian, que dans les choses même de la vie commune vous apportez des façons qui ne sont point celles d'autrui.

Dieu vous a taillé sur un modèle à part ; vous êtes seul ainsi, reconnaissable toujours au milieu de la foule, ne trouvant nulle part votre semblable et surtout votre égal, le premier partout, le premier toujours !...

Susannah s'interrompit. — Brian venait de mettre en souriant sur sa bouche le mouchoir brodé qu'il tenait encore à la main.

La belle fille répondit à ce sourire par un autre sourire tout plein de calme bonheur.

— Vous avez eu raison de m'arrêter, milord, reprit-elle ; je ne trouvais plus de paroles pour dire tout ce que sent mon cœur...

— Vous voulez donc me rendre fou d'orgueil, madame ! murmura Lancester.

— Je voudrais ouvrir devant vos yeux mon âme comme un livre, Brian, comme un livre dont toutes les pages pussent se lire à la fois et d'un regard, afin que vous vissiez qu'il n'y a rien en moi que vous.

— Et vous serez toujours ainsi, n'est-ce pas, Susannah? dit Lancester avec cette magique douceur que l'amour heureux sait mettre dans la voix.

—Toujours! répéta-t-elle. — Oh! toujours, milord!

On commençait à sentir l'approche du crépuscule du soir. Ces courtes heures durant lesquelles le soleil de janvier parvint à percer la brume épaisse suspendue au dessus de Londres comme un pesant manteau touchaient à leur terme. Le brouillard se faisait dense au dehors, et la saillie des meubles projetait une ombre sous laquelle on ne distinguait plus rien déjà.

Susannah poursuivit :

— Lorsque vous fûtes entré dans le bureau de mon père, milord, je me glissai le long du mur de la maison et me plaçai contre la fenêtre à un endroit d'où je pouvais vous voir sans être vue. Mon cœur battait bien fort et je ne savais pourquoi : mes yeux brûlaient comme lorsqu'on va pleurer, et pourtant j'avais au fond de l'âme une joie nouvelle et inconnue.

Tant que vous demeurâtes avec mon père,

moi, je restai à mon poste; je regardais; quelque chose de vous venait jusqu'à moi, et je m'enivrais à ce mystérieux contact.

Savez-vous, milord, je vous aimai dès ce jour-là presque autant que je vous aime!

Quand vous repassâtes le seuil de la maison de mon père, quand je ne vous vis plus, j'eus froid et mes larmes devinrent amères.

Puis je m'assis sous un arbre et je me complus à caresser votre image qui était gravée en traits de feu dans ma mémoire.

— Avez-vous vu ce gentleman, miss Suky? me demanda mon père.

— Oh oui! monsieur, répondis-je.

— Comme vous prononcez cela, Suky! s'écria-t-il en riant; — je gage qu'il vous a fait peur... C'est un fou, miss Susannah, qui a de quoi vivre pour deux ans encore et qui tâche de réduire ces deux ans à six mois.

— Comment l'appelle-t-on, monsieur?

— Brian de Lancester.

Je pense que jamais musique n'affecta plus délicieusement mon oreille, milord... Brian! oh! votre nom et comme vous; il est doux et beau, et le cœur s'en souvient...

Il n'y eut plus guère pour moi de sommeil. Je pensai à vous cette nuit et le jour vint que j'y pensais encore... Les autres nuits ce fut de même. — Et qand je m'endormais, Brian, je vous voyais en songe.

Oh! combien de fois me suis-je vue comme à présent auprès de vous, la main dans votre main, souriant à votre sourire...

Mais je m'éveillais, milord, et c'est une chose cruelle que le réveil après un si beau rêve!

Susannah prononça ces derniers mots d'une voix tremblante. Son beau front s'était chargé de tristesse.

— Pauvre Ophely! murmura-t-elle; on s'éveille aussi parfois après le bonheur!... Elle est belle pourtant, n'est-ce pas, milord, belle et noble?...

— Belle et noble en effet, répondit Lancester ; la plus belle et la plus noble après vous, Susannah.

— Et il ne l'aime plus ! acheva tout bas la belle fille.

— C'est qu'il ne l'a jamais aimée, madame... M. le marquis de Rio-Santo est un ambitieux.

— Et vous, milord ? s'écria naïvement Susannah.

Lancester secoua la tête en souriant.

— Moi, je suis un fou, madame, répondit-il.

Susannah l'interrogea du regard avec inquiétude, comme si elle eût craint qu'il y eût sous cette réponse de l'amertume ou de la raillerie; mais le franc visage de Brian semblait s'être déshabitué de cette expression flegmatique et moqueuse à la fois qui lui allait si bien dans ses équipées d'*eccentric man*. Il prenait, — que le Dieu des *larkers* le lui pardonne!—son tête-à-tête fort au sérieux; il aimait bonnement et simplement et beaucoup, comme un fils de squire à sa première passion, comme un clergyman de vingt ans, comme un poète.

— Je fus bien long-temps sans vous voir après cela, milord, reprit Susannah. Mon père vous avait prêté sans doute une forte somme. Vous ne revîntes pas de si tôt à la maison de Goodman's-Fields.

Mais je ne vous oubliais pas ; je vous attendais.

Ce fut au Park que je vous rencontrai pour la seconde fois. Je vous reconnus de bien loin parmi tous les gentilshommes qui emplissaient les allées, et mon cœur se précipita vers vous. — Vous étiez monté sur un beau cheval alezan, dont la fière allure excitait l'envie et l'admiration de vos rivaux...

— Ruby ! interrompit Brian avec un soupir involontaire.

Susannah baisa le médaillon. — Ce fut une

sorte de muette oraison funèbre pour le vaillant cheval.

— Vous alliez, reprit-elle, gracieux cavalier avec votre éclatant costume de jockey, maîtrisant votre cheval qui dansait coquettement et frappait le sable en mesure du quadruple choc de son élastique sabot. Parfois un élan subit vous emportait soudain hors de vue, puis vous reveniez comme le vent, et votre cheval, courbant sa tête mutine, mettait l'écume du mors sur l'or bruni de son poitrail... Vous aviez à votre boutonnière une fleur de camélia, — la fleur que j'ai gardée si long-temps en souvenance de vous, milord.

Tout-à-coup il se fit une clameur dans la foule. Une calèche, lancée au galop de quatre magnifiques chevaux venait de renverser une pauvre femme qui gisait, sanglante, sur le sol.

— Tenez, Suky, tenez, dit mon père, regardez bien ! voici White-Manor qui vient d'écraser une vieille...Du diable s'il se retourne pour la regarder, sur ma foi !

— Je vais la relever, monsieur ! m'écriai-je en donnant un coup de cravache à mon cheval.

Mais Ismaïl le retint par la bride.

— Fadaises que tout cela, fadaises !... Si la vieille est morte, à quoi bon la relever ? Si elle n'est pas morte, il se trouvera bien quelque sot pour lui porter aide...

Le *sot*, ce fut vous, milord... vous en souvenez-vous ?...

— Je crois me rappeler vaguement... commença Brian.

— Oh! moi, je me souviens, Brian, et il me semble vous voir encore. Vous sautâtes à terre et vous prîtes dans vos bras la pauvre femme évanouie.

— Un flacon! un flacon, belles dames! criâtes-vous en agitant votre mouchoir.

Dix équipages s'arrêtèrent, et bien des femmes jolies vous saluèrent avec un sourire. Au lieu d'un flacon, il en tomba vingt à vos pieds. En vous baissant pour en ramasser un, la fleur de votre boutonnière tomba. — Je m'élançai, Brian, et avant que mon père pût se rendre compte de mon action, la fleur était cachée déjà dans mon sein.

Vous soulevâtes la vieille femme et vous lui fîtes respirer des sels... Puis, lorsqu'elle eut reprit ses sens, vous lui donnâtes votre bourse, Brian.

— A la bonne heure! grommela Ismaïl; cela s'appelle dépenser son argent comme il faut... Mais, après tout, il n'est pas si fou qu'il en a l'air, et il sait très bien choisir parmi les vieilles femmes écrasées celles qui l'ont été par White-Manor...

Brian rougit. — Au fond du cœur il reconnaissait la vérité du reproche. Certes, en toutes circonstances sa générosité native l'eût porté à secourir le malheur, mais le malheur causé par son frère avait des droits doubles à son aide, non point par sentiment fraternel, mais par antagonisme.

Il rougit parce qu'il sentait ne pas mériter ici l'enthousiasme de Susannah. Celle-ci reprit :

— Mon père ne pouvait pas concevoir qu'on fût généreux sans motif, poursuivit la belle fille. Les gens comme vous, milord, étaient pour lui des énigmes dont il tâchait vainement à deviner le mot.

Ceci me fit vous aimer davantage, vous aimer trop, milord, car votre pensée devint une obsession. Partout et toujours vous étiez devant mes yeux. Sans cesse je voyais votre front haut et calme et l'audace tranquille de votre regard.

C'était une souffrance réelle et d'autant plus incurable que je ne cherchais point à la fuir. Je m'y complaisais. Je bâtissais, éveillée, des rêves qui me revenaient dans mon sommeil. Je désirais ardemment, mais aveuglément ; j'espérais sans pouvoir définir mon espérance.

En ces premiers temps de mon amour, je pleurais souvent, et, quand mon père surprenait des larmes à mes yeux, il me disait :

— Patience, Suky, patience ! Nous aurons

soin de vous, ma fille, et sous peu je vous conduirai en un lieu où vous pourrez choisir.

Je pense comprendre à peu près maintenant le sens de ces brutales paroles. A cette époque elles glissèrent sur mon oreille comme de vains sons.

Mon père tint promesse cependant et me mena un soir en un lieu où j'aurais pu choisir. Mais ce ne fut point dans ce but qu'il m'y conduisit tout d'abord. Il comptait sur moi pour jouer une sorte de comédie propre à servir une de ses spéculations.

Vous vous souvenez peut-être, milord, de ce repas nocturne où Ismaïl énuméra aux juifs, ses frères, les divers services qu'il espérait tirer de moi. Il avait dit ce soir-là qu'il lui manquait une sirène pour attirer les joueurs à son *hell* (enfer). Ceci n'était pas exact, car les splendides salons de Golden-Club étaient toujours remplis de belles femmes, parées comme des reines, néanmoins, ces femmes ne suffisaient pas, faut-il croire, car Ismaïl voulut s'appuyer sur moi et me faire jouer mon rôle de sirène.

Il avait imaginé quelque chose d'imprévu et de théâtral, en rapport avec les magnifiques décorations du club. Dans le salon principal, il avait tendu une riche draperie, derrière laquelle étaient placés ma harpe et mon piano. Devant la draperie, une haute et forte balustrade défendait le passage.

Lorsque j'entrai là pour la première fois, l'air chaud et parfumé de la salle agit vivement sur mes nerfs, en même temps que le bruit des conversations voisines effrayait ma timidité sauvage. — Mon père me fit asseoir au piano.

— N'ayez pas peur, miss Suky, me dit-il, et chantez de votre plus belle voix... personne ne peut vous voir.

Il disait vrai. La draperie interceptait complétement les regards.

Je passai mes doigts sur les touches de l'instrument, et quelques voix grondeuses de joueurs s'élevèrent de l'autre côté de la draperie.

— Voilà une mauvaise invention, Spencer, disait-on, faites taire ce piano qui nous fend les oreilles.

— Allez toujours, Suky, me dit mon père.

Peu m'importait, milord, de plaire ou de déplaire aux gens qui étaient derrière le rideau. Je préludai encore pendant quelques secondes, puis je commençai un air d'opéra français que j'avais entendu dire à mademoiselle Falcon. Ma voix s'éleva d'abord, froide et méthodique, comme si j'eusse chanté devant mon professeur ; mais je ne sais point résister à l'entraînement de la musique, moi, milord. La passion me prit. Je donnai, comme toujours, mon âme entière à mon chant.

J'oubliai ce qui m'entourait, j'oubliai le lieu où j'étais ; je chantai pour moi.

— A la bonne heure ! miss Suky, dit tout bas mon père, comme j'achevais la dernière note du finale.

Au même instant de frénétiques bravi éclatèrent dans la salle. C'était quelque chose d'étrange après les murmures boudeurs qui avaient accueilli les premières notes de mon chant.

— C'est Malibran, disait-on.

— C'est Catalani qui a bu l'eau de Jouvence !

— C'est Pasta qui a trouvé des notes de soprano au fond de son génie !

— Très chers ! s'écria une voix flûtée, c'est Grisi, plutôt... Vous ne connaissez pas encore Grisi... vous connaîtrez Grisi... je parle sérieusement.

Mon père se frottait les mains et riait silencieusement.

— Milords, dit-il enfin, ce n'est ni Malibran, ni Pasta, ni Grisi.

— Et qui est-ce donc, maître Spencer ?

— C'est la *Sirène*, milords.

Il y eut un chuchottement de l'autre côté du rideau ; mon père attendait la suite avec anxiété. Moi, j'écoutais, milord, espérant vaguement que j'entendrais votre voix parmi les autres voix... Vous n'y étiez donc pas ce soir-là?

— Je n'y étais pas, madame, mais j'ai entendu depuis, comme Londres entier, la mystérieuse et incomparable Sirène de Golden-Club... et je comprends maintenant pourquoi sa voix sans rivale descendait si profondément en mon âme... Je ne pouvais aimer de vous que ce que je connaissais, milady, et j'aimais votre voix.

— Que j'aurais chanté mieux et de meilleur cœur si j'avais su que vous m'écoutiez, milord!...

Au bout de quelques secondes, les chuchottemens s'élevèrent jusqu'à devenir de véritables clameurs. On voulait me voir et l'on demandait à grands cris l'ouverture de la balustrade.

— Milords, dit mon père, je suis désolé de refuser quelque chose à Vos Seigneuries, mais la Sirène ne se montrera pas.

— Cent livres si vous voulez m'introduire seul, Ismaïl, dit une voix.

— Cinq cent livres ! dit une autre.

Mon père avait peine à contenir sa joie.

— C'est une affaire, par Belzébuth ! c'est une affaire, murmura-t-il.

— Mille livres ! dit-on encore derrière le rideau.

— Pour aucun prix, milords, répondit Ismaïl; — et permettez-moi d'engager Vos Seigneuries à reprendre leurs jeux... la Sirène n'est plus là.

— Reviendra-t-elle ?

— Demain, milords, la Sirène chantera.

En disant cela, mon père m'entraîna et me fit monter dans une voiture qui me ramena dans Goodman's-Fields.

Le lendemain, les salons du Golden-Club étaient trop étroits pour contenir la foule qui afflua dès la tombée de la nuit.

Je chantai. — On renversa la balustrade pour me voir. — Mais j'étais partie déjà, et le galop des chevaux de mon père m'emportait vers notre maison.

C'était en vérité un homme habile, milord. Il avait bien jugé la foule dorée qui composait sa clientèle. Ce mystère piqua au vif la curiosité blasée des nobles lords. On parla de moi dans Londres...

— C'est-à-dire qu'on ne parla plus que de vous, madame, interrompit Brian ; — des peintres qui ne vous avaient jamais vue firent votre portrait, et les journaux de Paris nous renvoyèrent bientôt l'écho de votre renommée qui avait passé le détroit... Mais personne ne fut-il admis à vous voir ?

— Personne, milord ; — nul ne peut se vanter d'avoir aperçu la sirène du Golden-Club. Mon père attendait et spéculait sur l'effet de la curiosité poussée jusqu'à la folie; il attendait le paroxysme de la vogue pour... pour me sacrifier, milord, je dois le croire. Il ne faisait, du reste, nullement mystère de ses desseins devant moi, mais ils m'effrayaient peu, parce que je n'en comprenais point la portée.

Nous avons, nous autres femmes, un cœur vain, léger et accessible surtout aux joies de l'orgueil. Comme j'eusse été occupée de ces bravi qui couvraient mon chant chaque soir, si votre souvenir n'eût empli mon âme, Brian !... Et encore, s'il faut le dire, l'orgueil faisait taire parfois l'amour en moi, et le bruit des applaudissemens étouffait le cri de mon âme.

Je me pardonne aujourd'hui en pensant que votre applaudissement se mêlait parfois aux autres. C'était lui peut-être qui perçait mon enveloppe d'indifférence, et ce que je prenais pour l'orgueil était une mystique joie d'amour...

— Susannah, me dit un soir mon père, vous allez être bien heureuse. Je veux faire de vous une lady, et parmi les lords qui vous applaudissent chaque jour, vous allez choisir, ma fille...

XVIII.

LE CLUB-D'OR.

— Mon père me dit cela, Brian, continua la belle fille : choisir entre tous ces lords ! Cette idée entra, confuse, en mon esprit. Je n'aurais pas su dire pourquoi elle me répugnait, et pourtant une vague et sourde souffrance me plongea dans l'abattement jusqu'à l'heure du départ. Je pensais à vous. Mon cœur vous appelait à son secours, et je me disais que vous seul pouviez me sauver de ce péril prochain et inconnu.

Je me plaçai, couverte d'une toilette éblouissante, dans la voiture de mon père, et nous partîmes de Goodman's-Fields.

Tout le long de la route, mon père fut d'une gaîté folle; mais la gaîté d'Ismaïl avait un arrière-goût d'amertume qui rendait triste et donnait à craindre.

Lorsque nous arrivâmes dans Leicester-Square, il y avait déjà une longue queue d'équipages armoriés devant la porte du Club-d'Or.

— A la bonne heure! à la bonne heure! murmura gaîment mon père, — vous n'aurez, pardieu, que l'embarras du choix, miss Suky.

Nous dépassâmes le perron du club, afin d'entrer par la porte de service. Chaque soir il en était ainsi, parce que, si j'avais monté le perron commun, mon incognito, auquel tenait tant mon père, aurait été bien vite dévoilé. En entrant dans la partie du salon située en deçà de la draperie, nous pûmes nous convaincre, au bruit assourdissant des conversations, que l'assemblée était plus nombreuse encore que de coutume.

— Ils causent, les tristes bavards, grommela mon père ; ils causent, et voilà tout... Pour peu qu'on leur donnât concert ainsi tous les soirs, ils oublieraient que Golden-Club est une maison de jeu... Voyez plutôt s'ils entourent le tapis vert, Suky !

Je remarquai seulement alors que de très petits trous bordés de laiton, comme les œillets d'un corset, avaient été pratiqués de distance en distance dans la draperie. En approchant l'œil de ces trous, on voyait parfaitement tout ce qui se passait derrière le rideau.

— Regardez, Suky, me dit Ismaïl ; regardez tant que vous voudrez, par Jacob ou par Moïse, ou par Pharaon, roi d'Egypte, ou bien encore par Astaroth, ma fille... Tout cela se vaut, et c'est une sotte habitude de prendre ainsi à témoin Dieu qui n'existe pas, le diable qui se moque de nous et des hommes dont les os sont depuis vingt siècles en poussière !... Regardez ! vous êtez ici pour cela !...

De l'autre côté de la toile, il y avait foule compacte et impatiente ; tous ces gens parlaient à la fois et parlaient de moi. Leurs regards se fixaient si ardemment curieux sur la draperie que je reculai, confuse, comme s'ils eussent pu me voir.

— Eh ! là ! là ! miss Suky, n'ayez pas peur, reprit mon père. Les binocles de Leurs Seigneuries et de Leurs Grâces, — car il y a là des ducs, miss Susannah, — s'arrêtent devant

le rideau tout aussi bien que devant un mur...
Ah! par Satan, ma fille, s'ils pouvaient deviner que vous êtes là et que vous les voyez, ils feraient bien autrement la roue... Vous ne savez pas, Suky, tous ces noblemen, jeunes et vieux, porteurs de belles chevelures blondes ou de perruques collées à leur crâne nu, sont fous de vous depuis le premier jusqu'au dernier... Il y a une sorte de gageure établie, — et cela me va, sur ma foi, parce que je serai toujours le gagnant en définitive, — une sorte de gageure, disais-je, à qui demeurera maître de votre cœur... Voulez-vous que je vous donne mon avis sur ce point, Suky?

— Ces gentilshommes me connaissent-ils

donc, monsieur? demandai-je au lieu de répondre.

— Non, Suky, grâce au diable !... ce serait perdre la moitié de votre prestige. Vous avez beau être belle, l'imagination de ces gens trouve moyen de vous embellir encore... Et puis, fiez-vous à moi, votre premier amant tracera de vous un tel portrait pour faire enrager ses rivaux malheureux, que la moitié du haut parlement est capable de se brûler la cervelle pour l'amour de vous... Je pense que cela vous flattera, ma fille?

— Elle est blonde, disait-on de l'autre côté du rideau, blonde et rose. Un ange, par Dieu!

— Vous n'y êtes pas, milord, répondait un autre, ce diable de Spencer arrive d'Orient... c'est une Circassienne, le plus beau sang de l'univers!... c'est une odalisque, une almée ravie au propre sérail de Mahmoud, une heure avant que le sultan lui eût fait sa première visite.

— On m'avait dit, reprit un troisième, que c'était une tête raphaélique, une vierge de Rome, une madone...

— Ecoutez-les, écoutez-les, Suky! répétait mon père, qui riait de bon cœur.

Il devint tout-à-coup sérieux.

— Mais les voilà qui s'impatientent, reprit-il, et il ne faut pas jouer avec l'impatience des gens de cette sorte, miss Susannah. On pourrait s'en trouver fort mal, surtout quand on tient un *hell* non toléré... Voyons, je ne voudrais pas violenter votre cœur, Suky... Je vais vous dire ce que sont les plus respectables parmi ces lords, et vous choisirez ensuite.

— Pourquoi choisir, monsieur? lui demandai-je.

Il frappa du pied et fronça le sourcil.

—Il n'est plus temps de ne point comprendre, miss Susannah! dit-il d'une voix impérieuse et brève. Si c'est un jeu, mettez-y un terme, — et si réellement vous ne compreprenez pas, laissez-vous faire, ou malheur à vous! — Allons, allons, petite folle, continua-t-il un instant après en reprenant son sourire; — vous gâtez la bonne humeur où j'étais ce soir... Approchez-vous, regardez et soyez sage... Y êtes-vous?... Attention, s'il vous plaît! — A tout seigneur tout honneur. Veuillez regarder, je vous prie, ce bonhomme à cheveux blancs qui possède la physionomie la plus vénérable des Trois-Royaumes. Ce n'est rien moins que Sa Grâce le duc de Marlborough, moins célèbre que son glorieux homonyme dont parle la chanson, mais plus joueur. Il a perdu ici un soir quatre-vingt mille livres, Suky, et il les a payées le lendemain. Que dites-vous de cela?

Je gardai le silence.

— Vous n'en dites rien?... A merveille, ma fille!... Tout auprès de Sa Grâce, vous voyez le jeune marquis de Danby, fils aîné du duc de Maitland... Sa Seigneurie est fort laide à coup sûr, miss Suky, mais elle est riche à un million de livres, ce qui est un point à considérer. Que dites-vous du marquis de Danby, Susannah?

— Il m'est indifférent qu'il soit riche ou non, monsieur?

— A merveille, miss Suky! c'est qu'il ne vous plaît pas... Tenez! celui-ci trouvera grâce peut-être devant vous. C'est un des rois du sport, un *eccentric* de qualité supérieure, qui mange une fortune incalculable avec une originalité dont on ne saurait trop faire l'éloge... Personne ne pourrait se douter de cela, n'est-ce pas, Suky !... Vit-on jamais plus honnête et plus rouge visage, encadré dans une paire de favoris citron plus bourgeoise?... Eh bien! ma fille, l'autre jour, le comte de Ch..... field, — c'est le nom de Sa Seigneurie, — a chassé un renard à courre par les rues de la Cité... C'était ma foi une chose étrange que d'entendre les cris des piqueurs le long de Leadenhall-Street, que d'ouïr les fanfares dans Cornhill et d'assister au débuché dans Church-Yard. — Le comte suivait, monté sur un fort beau cheval, et en costume de chasse. Vous serez bien aise d'apprendre, Suky, que le renard fut forcé auprès de Chancery-Lane, devant Temple-Bar... La pauvre bête eut le sort de cent mille malheureux qui, dans les mêmes parages, sont forcés chaque année par les attorneys braillards d'Inner-Temple..... Vous sentez que, depuis ce jour, Sa Seigneurie a été un homme à la mode... On porte beaucoup de redingotes à la Ch.....field, Suky... Le comte vous plaît-il, ma fille?

— Ni plus ni moins qu'un autre, monsieur, répondis-je.

— Non?... Passons à un autre, alors... Voici un gros bel homme dont certaines ladies raffolent... Il a des qualités, Suky, de grandes qualités. C'est un larker émérite, un espiègle du poids de cent cinquante kilogrammes. Il bat les policemen dans Londres et les watchmen (1) dans la Cité. Il détache, la nuit, les marteaux de cuivre des portes à force de frapper, et bat les laquais qui viennent ouvrir. Il boxe les *coal-heavers* (porteurs de charbon), il boxe jusqu'aux sordides *dushmen* (quelque chose de moins propre que les vidangeurs). Il y a bien long-temps que Daniel O'Connell, dans son éloquence peu courtoise, l'a baptisé du nom de porc (*hog*) en compagnie du comte de White-Manor, son ancien camarade. — Mais tout cela ne peut l'empêcher d'être un fort galant homme, et je me fais un honneur de vous le présenter : — miss

---

(1) Les policemen n'ont été introduits dans la Cité que par sir R. Peel, en 1839. Jusque-là les Vatchmen continuèrent de faire le guet dans l'étendue de la juridiction du lord-maire.

Suky, le premier marquis d'Irlande, Harry
de la Poër Beresford, marquis de Water-
ford, comte de Tyrone, vicomte Tyrone,
baron de la Poër, lord de Curraghmore, etc...
Sa Seigneurie a-t-elle le don de vous
plaire?

— Non, monsieur.

— Peste, miss Suky!... vous êtes décidément difficile... aimez-vous mieux ce don Juan
au regard audacieux, le colonel Rabican? Je
vous préviens, Susannah, que ce noble comte
tue tous ses adversaire en duel, gagne à tous
les jeux connus, et fait siennes les femmes de
tous ses amis : c'est un lord de mérite... vous
ne l'appréciez pas?... A la bonne heure! Voici
non loin de lui son ennemi intime, lord Wil-

liam Bagget... Ce lord n'est pas non plus sans quelques qualités. Dernièrement il a fait surprendre sa légitime épouse en *criminelle conversation* par son groom, caché sous un sofa, dans le but louable de tirer une bonne somme de la poche du séducteur... Mais lord Rabican n'est pas homme à se laisser faire ainsi. On a plaidé, miss Suky, très bien plaidé... Les avocats ont soulevé des monceaux d'immondices, — et les deux nobles lords siégent toujours à la chambre haute, entourés de l'estime universelle... Je vois que lord Bagget ne vous séduit pas, tant mieux! il n'est pas riche... Attention! miss Susannah, s'il vous plaît, et ici ne refusons pas à la légère... Regardez ce seigneur assis entre deux dames et tenant dans sa main blanchette et ridée une tabatière en-

richie de brillans. C'est lord Clankildare, ma
fille, l'amant dévoué de tout le beau sexe ré-
pandu sur la surface du globe... Il met une
grande quantité de souverains tous les mois aux
pieds d'une Française d'un certain âge, qui
joue tant bien que mal toutes sortes de rôles
à un petit théâtre fashionable.. — On dit que
Sa Seigneurie a son cuisinier pour rival... C'est
fort anglais... Réfléchissez, Susannah, vous
ferez de lord Clankildare tout ce que vous
voudrez.

— Je n'en veux rien faire, monsieur, répliquai-je avec colère.

— Vous aurez de l'esprit, Susannah, quelque jour, reprit mon père, ajoutant une couche d'amertume à son éternelle et impitoya-

ble raillerie ; — puisque vous le voulez, passons condamnation sur lord Clankildare... Je vous présente, pour mémoire seulement, l'honorable John Tantivy (1), frère de Sa Seigneurie lord Ross de Stablefool. C'est ce long personnage à figure d'ibis qui regarde de ce côté d'un air si langoureux, miss Suky... L'honorable John est la crême des gentlemen-riders. Il vit d'asperges crues et de bouillon de coq, pour ne garder justement que le poids convenable... Auprès de lui, je suis sûr que vous remarquez cet homme laid dont la mâchoire avance audacieusement comme pour former gouttière de chaque côté de sa joue. C'est un poète, miss Suky, un grand poète, qui fait des

---

(1) *Tantiby* : au grand galop.

épopées divines et nationales; on le nomme sir Arcadius Bombastic, et il est fort apprécié par les gentlemen tourmentés d'insomnie... Notez, miss Suky, que je ne vous propose pas sir Arcadius : il est pauvre.

L'impatience, cependant, gagnait évidemment tous les nobles lords. Il y avait une sorte de fièvre générale de l'autre côté du rideau. Les voix commençaient à s'élever et à se faire courroucées.

—Diable! diable! grommela mon père, il va falloir en finir... Comme vous pouvez le penser, miss Suky, je n'aurais pas perdu mon temps à vous *expliquer* Leurs Seigneuries comme on explique les figures d'un salon de cire, si je n'avais eu mes raisons pour cela...

Voyez-vous, je veux bien vous le dire : celui sur qui j'ai jeté les yeux, celui que vous choisirez, — en toute liberté, miss Suky, — n'est pas encore arrivé... J'espère qu'il arrivera, et, au risque de mécontenter un peu mes nobles cliens, je veux l'attendre encore... Ce soir, vous ne chanterez pas, Suky, et personne ici près n'aura le droit de s'en formaliser, lorsque j'irai annoncer que notre sirène est en tête-à-tête avec milord ambassadeur...

Vous sentez, Brian, qu'il était impossible que je ne comprisse pas à la fin. Je n'aurais pu définir précisément ce qui faisait l'objet de ma crainte, peut-être ne le pourrais-je pas aujourd'hui davantage, mais ma crainte avait pris corps. Je redoutais positivement quelque chose, savoir, le tête-à-tête promis avec l'homme qu'on nommait milord ambassadeur...

— Et ce tête-à-tête eut-il lieu, milady? demanda Brian, qui tâchait de paraître calme.

Susannah sourit doucement.

— Vous voilà qui avez peur aussi, vous, milord, dit-elle;—attendez... je veux faire comme les auteurs de ces livres que vous me prêtez depuis huit jours, et ménager mon histoire.

Mon père reprit après un silence :

— Suky, je n'ai point voulu dire qu'il vous

soit interdit absolument de faire un choix parmi ces gentilshommes... Seulement, ce choix sera pour plus tard... Que vous semble, par exemple, de ce petit Français qui manie si drôlatiquement son binocle en paire de ciseaux?... C'est M. le vicomte de Lantures-Luces, Parisien aimable, dont la cervelle tiendrait dans le coin de votre œil... Auprès de lui, vous voyez l'honorable Noisy Trumpet, membre whig de la chambre des communes. Il semble mal à l'aise, n'est-ce pas? C'est que nos *commoners*, Suky, sont de bien petits citoyens en présence des pairs du royaume. L'Honorable, voyez-vous, a honte d'être si peu... Mais, par le ciel! voici, au contraire, un fils d'Adam intimement convaincu de son importance. Voyez, Suky, voyez! Quelle fierté sublime dans ces gros yeux hébétés, quelle magnifique dignité dans la pose de cette taille courte et chargée d'embonpoint!... Ne riez pas, je vous prie! Ce gros bonhomme, dont la tournure est celle d'un chef de cuisine en retraite, n'est rien moins que Sa Grâce « par la divine Providence, » archevêque de ***. Sa Grâce a quatre ou cinq millions de revenus épiscopaux, et paie deux cents livres à un pauvre révérend pour gouverner son église à sa place... C'est une chose superbe, Suky, quand on y pense, que cette équipée que les chrétiens nomment *la Réforme*... Figurez-vous, ma fille, que cette réforme a eu lieu pour diminuer les revenus du clergé et pour le rendre bon à quelque chose... Or, voici un évêque réformé qui touche par an dix fois autant qu'un cardinal, et qui ne fait œuvre de ses dix doigts... Il siége au parlement, c'est vrai, mais nul ne l'entendit jamais que ronfler dans les nocturnes assemblées des nobles pairs... Manger, dormir, engraisser, voilà sa vie... Il est, du reste, beau joueur, excellent père de famille, bien qu'il vienne de temps à autre faire un tour dans mon *hell*, et capable de prêcher pendant trois heures sans savoir le moins du monde sur quoi il parle. — Chacun s'accorde à reconnaître que c'est une des plus éclatantes lumières de l'Eglise anglicane... Je vous préviens, Suky, que, malgré le vénérable caractère de Sa Grâce, il ne vous est aucunement défendu de faire tomber sur lui votre choix : Sa Grâce n'est pas puritaine.

Je n'écoutais plus guère, milord ; mon imagination travaillait et cherchait à mesurer, à définir le danger prochain, et plus je m'efforçais ainsi, plus mon cœur se serrait.

Ismaïl continuait sa railleuse galerie. Il me montra encore bien des lords, des grands seigneurs étrangers, des médecins célèbres, des hommes de loi en renom.—Je chancelais sur mes jambes affaiblies et je me sentais près de défaillir.

— Le voilà! le voilà! s'écria tout à coup mon père en me touchant l'épaule ; regardez, Suky.

Je regardai, milord, et je vous vis...

— Moi! interrompit Brian stupéfait.

— Vous veniez d'entrer... Je ne vis que vous!... Hélas! ce n'était pas vous que me montrait mon père.

— Oh! monsieur! m'écriai-je, émue d'une délicieuse espérance, — ne me trompez-vous point?... Est-ce à lui que vous voulez me donner?

Ismaïl me regarda fixement.

— A lui, Suky, très certainement... Le connaissiez-vous donc déjà?...

— Si je le connaissais, monsieur! m'écriai-je avec des larmes de joie dans les yeux.

— Ma foi, voilà qui est fort heureux! murmura mon père entre ses dents; — mais il faut avouer que les jeunes filles ont des lubies étranges!... Du diable si j'aurais osé espérer que Sa Grâce... enfin n'importe!... Je vais aller vous chercher milord ambassadeur, miss Suky.

Il se dirigea vers la porte.—Moi, je ne donnais plus nulle attention à ses paroles. Milord, je vous regardais, je m'enivrais de votre vue : j'étais heureuse...

Avant de franchir le seuil, Ismaïl se ravisa tout-à-coup et revint précipitamment vers moi.

— Ah ça! miss Suky, me dit-il, nous ne

faisons pas de quiproquo, j'espère? Je vous parle du prince Dimitri Tolstoï, qui vient d'entrer au salon. C'est cet homme de grande taille, à la physionomie un peu... un peu caractérisée, miss Suky, à la poitrine couverte de crachats... Nous nous entendons bien, je pense?

Je n'avais plus de voix pour répondre. L'homme qu'il me montrait était... Mais vous devez le connaître, Brian?

— Je le connais, madame, répondit Lancester, dont la respiration devenait pénible... De grâce, achevez!...

— Il me fit horreur et frayeur, milord. Je

joignis les mains et je regardai mon père avec supplication.

— Ah!... dit ce dernier en fronçant le sourcil, nous jouions, je le vois, aux propos interrompus... Et de qui me parliez-vous, miss Suky, s'il vous plaît?...

— Je vous parlais de Brian de Lancester, monsieur.

Mon père éclata en un rire sec et strident.

— Le frère du comte! s'écria-t-il, — ce serait, sur ma foi, une bonne plaisanterie... une excellente plaisanterie, par Belzébuth!... Si Brian avait quelque chose... Ah! ah! ah!...

lorsque j'y songe, je ne puis m'empêcher de rire... Mais il n'a pas le sou, miss Suky!...

— Pardon, madame, interrompit Brian; ces paroles prononcées par Ismaïl à mon sujet semblent recouvrir un sens caché... S'est-il jamais expliqué à cet égard?

— Jamais, milord!

Brian sembla vouloir faire une autre question; mais il se reprit et ajouta :

— Veuillez poursuivre, madame.

— Mon père semblait, en effet, milord, continua Susannah, attacher une signification étrange au sentiment qui me portait vers vous... Cela le faisait rire.. et Ismaïl ne riait jamais que lorsqu'un méchant espoir traversait son esprit... Mais vous êtes plus à même que moi, milord, de conjecturer si cette circonstance cache encore quelque triste mystère.

— Vrai, Suky, reprit Ismaïl, ce serait très drôle... drôle au dernier point... Mais il n'a pas un sou vaillant, voyez-vous, et il n'y faut pas songer... Voyons! oubliez cette folie, et préparez-vous à recevoir le prince Dimitri Tolstoï, ambassadeur de Russie.

— Et que peut me vouloir cet homme? demandai-je avec colère.

Un sourire cynique vint à sa lèvre.

— Ce que vous voulez à l'Honorable Brian de Lancester, miss Suky, répondit-il.—D'ailleurs, il vous le dira lui-même.

— Je ne veux pas le voir! m'écriai-je; monsieur, je ne le verrai pas !

— Vous le verrez, miss Suky! prononça-t-il de cette voix impérieuse et pleine de menaces qu'il employait avec le pauvre Roboam; — oh! par Belzébuth! vous le recevrez, et cela tout de suite.

Je souffrais bien, milord, et je me sentais perdre mes forces ; pourtant je répondis encore résolument :

— Non, monsieur, je ne le recevrai pas.

Votre présence me donnait du courage, Brian...

Ismaïl me saisit le bras et le serra de façon que ses doigts d'acier s'incrustèrent dans ma chair. — Ses yeux avaient pris une expression de méchanceté sinistre et vraiment infernale. — Il approcha son visage tout contre le mien.

— Tu es à moi, dit-il d'une voix entrecoupée par la rage qui s'emparait de lui ; — tu n'es qu'à moi... Je suis ton maître... je pourrais te tuer, entends-tu ?

Brian se leva sans savoir et mit ses deux mains sur sa poitrine haletante.

— Te tuer, poursuivit Susannah, qui tremblait elle-même à ce terrible souvenir; — mais j'aime mieux te vendre, et il faut que je te vende.

Son œil flamboyant me brûlait.

— Ne résiste pas! reprit-il en secouant violemment mon bras, ou je te terrasserai sous mes pieds, comme j'ai fait une fois devant toi à Roboam, et je te battrai comme je l'ai battu.

Brian poussa un cri étouffé et retomba sur le sofa.

— Mais sur qui donc vous venger, madame!... murmura-t-il.

XIX

CINQ MILLE ROUBLES.

— Et j'étais là, madame, reprit Brian, si près de vous qui fléchissiez sous la menace d'un lâche... et je ne sentais rien en mon cœur..... Oh! pourquoi ne m'appeliez-vous pas à votre aide?

— J'étais brisée, milord, répondit Susannah, mais je ne fléchissais pas. — Vous me veniez en aide sans le savoir, car, comment eussé-je résisté à la brutale énergie d'Ismaïl, si mon cœur ne se fût instinctivement appuyé sur vous? En moi, je n'avais pas de soutien, puisque j'ignorais la morale humaine, et que cette force divine que sait donner, dit-on, la foi religieuse aux plus débiles natures, me manquait absolument. Hors de moi, pouvais-je espérer secours contre Ismaïl, moi qui n'avais au monde qu'Ismaïl pour protecteur?...

Si je resistai, ce fut à cause de vous et par vous. Ma force me vint de votre présence; — absent, vous m'eussiez soutenue encore, car j'étais toute à vous, et je comprenais vaguement que mon père, en me donnant à un autre, m'enlevait à vous pour toujours.

Pour toujours, milord ! — Ce qui était alors en moi un soupçon confus, est maintenant un sentiment précis et arrêté : si j'étais tombée dans le piége, vous ne m'auriez jamais connue...

Vous êtes déjà tant au dessus de moi, Brian! au moins faut-il que je vous puisse donner mon corps et mon âme purs de toute tache, même involontaire. Si mon malheur eût été jusqu'à la souillure, je me tiendrais indigne et je m'éloignerais...

La dernière menace d'Ismaïl me raidit dans ma résistance.

— Vous pouvez me tuer, lui dis-je, mais non me faire céder.

— Eh bien ! je te tuerai ! s'écria-t-il l'écume à la bouche ; — je te tuerai... Oh ! mais pas tout d'un coup !... Tu mourras à petit feu, tout doucement, un peu tous les jours... Malédiction ! quel démon t'a donc soufflé la pudeur, misérable fille ! J'ai passé quinze ans à nouer un bandeau sur ta vue, et voilà que tu n'es pas aveugle ! J'ai passé quinze ans à courber patiemment ta volonté en obscurcissant ton intelligence, et voilà que ton esprit voit clair ! et voilà que ta volonté se redresse !... Mais c'est à renier Satan et à croire qu'il y a un Dieu là-haut !...

Il s'interrompit, passa son mouchoir sur sa

bouche humide et appela péniblement à sa lèvre son froid sourire d'habitude.

— Me voilà aussi sot que vous, miss Suky, reprit-il avec un calme factice ; — vrai, je fais du drame comme un bonhomme de lord qui voudrait forcer sa fille à épouser un bossu millionnaire... C'est pitoyable, sur ma foi !... Ecoutez, nous avons tort l'un et l'autre ; parlons raison : je vous demande une chose bien simple, pourquoi me refusez-vous ?

— Vous voulez me donner à un homme, monsieur, répondis-je et je veux être à un autre homme.

Cette réponse faillit le rejeter dans toute sa fureur, mais il se contint.

— Vous voulez! répéta-t-il. Voici qui est bien péremptoire, miss Suky!... Vous oubliez que je suis votre père!

— Qu'importe cela? demandai-je.

Il se mordit violemment la lèvre.

— C'est juste, reprit-il; je n'ai pas le sens commun ce soir... Cela importe peu, assurément... Je voulais vous dire, miss Suky : Vous oubliez que je suis le plus fort.

— Non, monsieur.

— Alors, vous allez m'obéir?

— Non!

Il s'éloigna de moi brusquement et fit quelques tours dans la chambre.

Je profitai de ce moment de répit pour jeter un regard de l'autre côté du rideau. Vous étiez gai à votre manière, de cette gaîté qui laisse votre visage hautain et grave, et qui amène le sourire sur toutes les figures qui vous entourent. — Vous parliez de votre frère ; vous racontiez l'un des assauts de la lutte étrange où vous étiez engagé avec lui.

En ce moment, je dois l'avouer, milord, j'eus grand désir de prononcer votre nom et d'implorer votre secours. — Mais vous ne m'aviez jamais vue... et puis j'eus peur pour vous, parce que je savais le cœur de mon père.

Il revint vers moi et changea encore une fois de ton.

— Miss Susannah, me dit-il avec froideur et sarcasme, vous êtes une fille vertueuse, très certainement; mais moi je suis un marchand honnête... Or, je vous ai vendue, j'ai été payé d'avance et l'acheteur attend livraison... Donc, de gré ou de force, miss Suky, vous allez recevoir les hommages de Sa Grâce le prince Dimitri Tolstoï... Croyez-moi, conduisez-vous comme il faut avec lui ; car les Russes ont des façons d'être galant auxquelles il faut prendre garde, et je ne répondrais pas... Mais cela vous regarde... Dans dix minutes le prince sera ici; dans dix autres minutes une bonne serrure vous mettra tous les deux à l'abri des importuns... A bientôt, miss Susannah.

Il sortit précipitamment à ces mots.

Vous n'étiez plus là, milord!...

— M'eussiez-vous appelé, madame? s'écria Brian qui se reprochait comme un crime le hasard de son absence.

— Je ne sais... Ma détresse était si profonde!... Mais vous n'étiez plus là!... Je ne vis dans le salon que des visages inconnus, froids, et où l'égoïsme anglais avait buriné son stigmate... Et parmi eux je vis la sauvage figure de ce Russe dont me menaçait Ismaïl.

Peut-être ma terreur se plaçait-elle entre

cet homme et moi; mais il me parut hideux et terrible. Cette tête barbare au dessus d'un frac brodé d'or ressortait pour moi, sur le fond de la foule, comme un épouvantail odieux.

Je voulus crier : je ne pus. Un poids écrasant était sur ma poitrine...

En ce moment, Ismaïl entra dans le salon de jeu et alla droit au prince. Il lui parla tout bas. — Le prince sourit. Son regard étincelant vint caresser le rideau.

Ce regard me sauva, milord. Il me fouetta d'une terreur si poignante que je pus secouer ma torpeur. Je me levai, je traversai la salle et les corridors en courant. Une minute après j'étais dans la rue...

Brian respira longuement.

— Je courus encore durant quelques secondes au hasard ; puis je m'affaissai, brisée, à l'un des angles de Leicester-Square.

Je ne savais où aller : j'étais transie de froid ; j'avais peur, seule ainsi au milieu de la nuit, dans l'immensité de Londres inconnu ; — mais j'étais heureuse du danger évité. Je pensais à vous avec délices, milord ; il me semblait que je m'étais gardée à vous, et que, dans ma victoire, vous aviez votre part.

Ma victoire m'en devenait bien chère !...

Hélas! je ne songeais pas que je n'avais d'autre asile que la maison d'Ismaïl, et que le danger, aujourd'hui évité, reparaîtrait demain aussi terrible. Je ne songeais pas que la volonté de fer d'Ismaïl une fois manifestée, ne saurait point fléchir, que son avidité affriandée devrait s'assouvir quand même, et que, sans défiance aucune contre lui, j'étais fatalement condamnée à subir tôt ou tard sa tyrannie.

J'y songeais si peu, milord, que ma première action, sitôt que mon oppression calmée me permit de faire un mouvement, fut de me jeter dans une voiture de place et de me faire conduire à Goodman's-Fields.

— Quoi, madame! s'écria Brian, vous rentrâtes dans cette retraite infâme?

— J'y rentrai, milord... Et n'épuisez pas pour si peu votre pitié... J'ai eu depuis des jours de si navrante misère, que j'ai pu regretter la maison d'Ismaïl...

Mon père n'était point encore de retour lorsque j'arrivai dans Goodman's-Fields. Au lieu de gagner ma chambre comme d'habitude, je saisis un moment où les valets d'Ismaïl n'avaient point l'œil sur moi et je montai en courant au laboratoire de Roboam.

C'était le seul être qui eût pour moi un semblant d'affection. Je n'espérais point en lui qui était, comme moi, opprimé, mais j'allais, d'instinct, unir ma détresse à sa servitude.

Le pauvre muet était étendu tout habillé sur une natte au milieu de la chambre. C'était son lit. Il dormait.

Lorsque je l'éveillai, il fit un geste de vive surprise, et de fait, milord, ma présence à cette heure, jointe au désordre de ma riche toilette, devait à coup sûr l'étonner. — A l'aide de ses gestes qui valaient presque des paroles, il m'interrogea, et je lui contai, d'une voix entrecoupée par l'émotion, l'odieuse conduite d'Ismaïl et ma fuite du Golden-Club.

Il courba la tête et sembla réfléchir.

Au bout de quelques minutes, il prit ma main et la baisa, puis il me conduisit dans sa case et me montra un enfoncement où il y avait juste la place de mon corps, puis encore il frappa du revers de ses doigts une assiette vide qui se trouvait sur sa table.

Cela voulait dire, milord, dans le langage du pauvre muet, qu'il me cacherait dans sa case et qu'il partagerait ses repas avec moi.

C'était une folle pensée; mon père en rentrant saurait bien vite que j'étais dans la maison; il me chercherait, et Roboam serait victime de sa compassion. Voilà ce que j'aurais dû me dire, et ce que se disait sans doute le pauvre Roboam, car il était abattu et résigné. — Mais j'étais incapable de porter si loin mon calcul, milord. Je me voyais échapper aux poursuites de mon père et à l'horrible nécessité de subir la présence de ce Russe, dont l'image se dressait, parmi les souvenirs de la soirée, comme un fantastique épouvantail. Cette idée me redonnait du courage et de la joie.

— Oui, répondis-je, oui, bon Roboam, je me cacherai là et je resterai toujours avec vous.

Il fit un grave signe d'assentiment. — Je suis certaine, maintenant, milord, qu'il avait la conscience d'un châtiment prochain et mortel.

Moi, j'étais rassurée. Le danger ne m'apparaissait plus que lointain et possible à éviter. J'étais d'autant plus exposée désormais, que je ne sentais plus ma position, et qu'une folle sécurité prenait la place de mon angoisse.

Et pourtant, milord, combien ici le péril était plus terrible ! Combien j'aurais dû trembler davantage si mon ignorance du monde n'eût pas été aussi complète ! Au Golden-Club, Ismaïl n'était qu'un trafiquant de vices, à peine toléré, le chef suspect et sans cesse surveillé d'un établissement que le genre seul de sa clientèle empêchait de tomber immédiatement sous le coup de la loi. Dans Goodman's-Fields, il était roi, maître absolu, tyran sans contrôle. Derrière ma draperie, j'étais à dix pas d'une réunion d'hommes, dissolus sans doute, et pleinement livrés à la débauche, mais nobles après tout, et gardant au fond du cœur quelque chose de fier, sinon de vertueux. Ces hommes m'eussent défendue, réunis, ne fût-ce que par pudeur aristocratique, bien que, pris à part, chacun d'eux eût peut-être abusé sans pitié de ma détresse; ils se fussent mis avec ostentation entre moi et mon père ; ils eussent saisi avidement cette occasion de faire à grand bruit acte de gens de cœur. — Chez Ismaïl, au contraire, j'étais seule, seule dans un réduit dont les valets de la maison eux-mêmes ne soupçonnaient pas l'existence. Nulle oreille à portée de mes cris; rien, milord, rien qu'un pauvre être, mutilé, abruti par l'esclavage, — dévoué pourtant, mais inerte et habitué depuis longues années à fléchir sous la volonté d'Ismaïl.

C'est ici, milord, que je devais mourir ou être vaincue, si mon salut n'était sorti d'une catastrophe impossible à prévoir... Pour me sauver, il fallait la perte de mon père. Dieu mit sur Ismaïl la lourde main de sa vengeance. Il fut terrassé au moment même où il me poussait au bord de l'abîme...

J'ignore ce qui se passa au Club-d'Or après mon départ. Tout ce que j'ai su, c'est que mon père ne rentra point cette nuit-là dans sa maison de Goodman's-Fields. Peut-être que, ne pouvant me supposer assez aveugle pour m'être replacée de moi-même sous sa tyrannie, il employa la nuit à me chercher dans les environs de Leicester-Square.

Vers onze heures du matin, Roboam et

moi nous entendîmes le coup du maître retentir à la porte de la maison. Je me cachai, et Roboam se plaça devant sa table de manière à me masquer.

Les valets dirent sans doute à mon père que j'étais dans ma chambre. Il avait à faire autre chose que de s'en assurer, et nous entendîmes bientôt son pas dans l'escalier dérobé. — Roboam m'ordonna le silence d'un geste empathique et qui peignait énergiquement ses inquiétudes. Je demeurai immobile ; je retins mon souffle : mon père entra.

— Belle affaire ! grommelait-il en refermant la porte ; — jolie affaire, sur ma foi !... Le prince veut que lui rende ses cinq mille roubles... Du diable si c'est une chose faisable que de rendre ainsi de l'argent donné !

Il tira un papier de sa poche et le déplia.

— Prépare du papier à calquer, toi ! reprit-il en s'adressant à Roboam avec sa rudesse accoutumée; taille tes plumes et exerce tes doigts... je vais te donner tout à l'heure de la besogne.

Roboam obéit. Je sentais son siége trembler. — Il cherchait son canif et ne le trouvait point. La frayeur lui faisait perdre la tête.

Mon père se promenait de long en large.

— C'est une chose diabolique ! murmurait-il ; — cette misérable enfant me fait manquer un marché d'or !... Retrouverai-je un sot Tartare comme Sa Grâce qui veuille bien me souscrire un effet de cinq mille roubles, d'avance et sans savoir ?... Cela promettait des millions, sur ma parole, car le prince a les siens et ceux de son maître, et la petite est belle à tourner trois cents têtes de Kosaks !... Où la vertu va-t-elle se nicher ! ajouta-t-il avec un ignoble blasphème ; — c'est ma faute ! j'aurais dû ne pas la perdre un instant de vue... Quelqu'un lui aura donné de perfides conseils, quelqu'un lui aura soufflé cet orgueilleux mensonge qu'on nomme l'honneur d'une femme... l'honneur ! Mais c'est qu'il y a en tout ceci de la fatalité !... celles à qui on enseigne l'honneur en prennent fort à leur aise, tandis qu'elle... Il faut dire aussi que Satan

lui a fait rencontrer ce Brian de Lancester!...
Qu'il revienne m'emprunter de l'argent, celui-là!... Ah! ça, mais les femmes devinent donc tout! la pudeur comme l'amour... ou peut-être est-ce l'amour qui leur apprend la pudeur! C'est diabolique!

Il s'approcha de Roboam et jeta sur sa table le papier qu'il tenait à la main.

—Tiens! dit-il; calque-moi cette signature. Nous nous en servirons à l'occasion, et Sa Grâce n'y gagnera rien... Prends garde de gâter le billet, maître Silence!... s'il garde une trace, je te brise le crâne d'un coup de fléau.

Roboam prit le papier, qui était une obligation du prince Dimitri Tolstoï, — le prix stipulé pour la vente de ma personne, milord, — et se mit en devoir de calquer la signature.

Mon père reprit sa promenade et son monologue.

— Et si ce n'était que cela encore! disait-il en s'échauffant par degrés; — cinq mille roubles peuvent se retrouver... mais ce qu'elle a fait une fois elle pourra le recommencer! elle le recommencera certainement, et tous les espoirs que j'avais fondés sur elles s'en iront en fumée... La misérable fille!... Et d'ailleurs, si elle ne me cède pas, comment dominer le comte!... Quelle portée auront mes menaces, si je n'ai pas derrière moi son infamie... ce que le monde appelle ainsi, du moins, — son infamie patente, publique, et pouvant être portée à la connaissance de tous, du jour au lendemain!...

Que pouvaient signifier ces étranges paroles, milord?... Ismaïl avait évidemment un but, autre et plus chèrement caressé, que le simple trafic de ma jeunesse. Il y avait sous ces paroles une intrigue dont tous les fils m'échappent à la fois... Vous qui savez le monde, Brian, devinez-vous le secret d'Ismaïl?

Lancester fut quelque temps avant de répondre.

— Je m'y perds, madame, dit-il enfin; — assurément cet homme que vous nommez votre père était capable de tout, et son intelligence servait merveilleusement ses mauvais desseins... Je pense... mais c'est un vague soupçon que rien ne justifie, si ce n'est la couronne de comte gravée sur votre médaillon... La seule chose dont je suis sûr, milady, parce que mon cœur et ma raison concordent à ce sujet, c'est que le juif Ismaïl n'était point votre père.

La belle fille secoua tristement la tête.

—Je ne sais si je dois dire : Dieu le veuille ! milord, répondit-elle. Ismaïl m'a fait bien du mal, et bien des crimes honteux pèsent sur sa mémoire, mais sa maison fut si long-temps mon asile !... Et puis, tout coupable que soit un père, ce doit être une grande faute que de renier son souvenir !...

Il continua durant quelques minutes encore à s'entretenir de choses que je ne pouvais point comprendre. Il parlait d'un lord puissamment riche, qui éloignerait de lui la honte à tout prix et qui prodiguerait la moitié de sa fortune pour ne pas voir traîner son écusson dans l'égout...

— Et il ne prononça point le nom de ce lord, madame ? interrompit Lancester.

— Non, milord... il l'appelait le comte... Peut-être, au reste, quelques mots lui échappèrent-ils qui auraient mis tout autre que moi sur la trace de sa pensée, mais moi je ne comprenais pas, et la scène affreuse qui suivit a mis du trouble dans mes souvenirs...

— Où en es-tu, maître Silence? demanda-t-il tout-à-coup en s'adressant à Roboam.

Je sentis la chaise du malheureux qui tremblait violemment contre moi, et j'eus peur, parce que je devinai qu'il avait commis quelque erreur.

Mon père prit le papier que Roboam hésitait à lui rendre et poussa aussitôt un cri de rage.

— Scélérat! s'écria-t-il; brute maudite! je je t'avais dit de prendre garde!... Ah! cette fois, tu vas me payer tous les comptes!

Voici ce qui était arrivé, milord. Le Russe à qui mon père avait fait la promesse que vous savez, avait donné d'avance une obligation de cinq mille roubles, croyant ne pouvoir payer trop cher la gloire de désarçonner ses rivaux du Goden-Club, en possédant le premier cette fameuse Sirène..... C'était, comme vous voyez, un amour de confiance, une fantaisie de vaniteux barbare, puisqu'il ne m'avait jamais aperçue... Lorsque mon père, forcé par ma retraite à manquer de parole, lui avoua son embarras, le Russe exigea la restitution de son argent, et mon père, mettant à profit les quelques heures de délai que lui accordaient les convenances, se hâta d'ordonner à Roboam de contrefaire la signature de l'opulent étranger, afin de s'en servir sans doute à l'occasion. — Mais Roboam n'avait plus son sang-froid. Au lieu de prendre un poinçon à calquer, il se servit d'une sorte de burin qui trancha le papier partout où il passa.

Le billet qu'il rendit à mon père était percé à jour.

Or, comment remettre au prince un papier portant d'aussi évidentes et inffaçables preuves de fraude ?

Mon père se mettait chaque jour en fureur pour des riens, milord. La moindre bagatelle échauffait l'irritabilité sans frein de son caractère. Cette fois tout se réunissait pour porter au comble sa rage : ma fuite, ses espérances perdues, le péril auquel l'exposait l'erreur de Roboam...

Aussi n'était-ce plus un homme. Ses yeux

sanglans roulèrent convulsivement dans leurs orbites distendues outre mesure. Les muscles de sa figure s'agitaient par de brusques tiraillemens ; sa barbe ondula, comme si un souffle de vent eût passé parmi ses mèches soulevées. Ses lèvres s'ouvraient, se refermaient, laissaient voir ses dents serrées qui glissaient en grinçant les unes contre les autres.

Je ne l'avais pas encore vu ainsi, et je pensai tout de suite que Roboam allait mourir.

Le pauvre muet, frappé d'une effrayante atonie, ne tremblait même plus. Les gouttes de sueur froide, qui tombaient abondantes le long de ses tempes, indiquaient seules encore qu'il y avait en lui de la vie.

Mon père, après être resté quelques secondes devant sa victime, comme s'il eût voulu la déchirer de ses propres mains, s'élança d'un bond vers son arsenal et choisit le plus gros, le plus lourd de ses fléaux de plomb.

Je sentis faiblement tressaillir le siége de Roboam, qui ne bougea pas néanmoins.

Mon père revint vers lui à pas comptés. Il semblait chercher de loin avec une joie cruelle l'endroit où il le frapperait d'abord.

Je fermai les yeux, milord, comme cette nuit où Ismaïl avait frappé Roboam avec le bambou du vieux juif Eliezer. — Mais ici il n'y avait nul moyen d'échapper aux horreurs de cette scène.

Au premier coup que frappa Ismaïl, la chaise de Roboam sauta. Non seulement j'entendis le plomber, lourd, sur la chair du patient, mais je ressentis le contre-coup de chaque assaut. — Il me semblait, milord, qu'on martelait mon cœur. Je souffrais... je ne puis pas vous dire combien je souffrais !

J'entendis et je sentis comme cela trois coups assénés avec furie. — Puis le bois de la chaise me choqua brusquement. Deux râlemens sauvages déchirèrent à la fois mes oreilles ; j'ouvris involontairement les yeux.

Roboam n'était plus auprès de moi. — L'intensité de la douleur, la certitude de mourir sous les coups redoublés d'Ismaïl, peut-être aussi le désir de me protéger, tout cela réuni avait galvanisé l'apathique soumission du pauvre esclave. Il s'était relevé, d'autant plus terrible que sa colère avait été plus long-temps comprimée. D'un bond il avait franchi la table qui le séparait de mon père, et ils étaient tous deux en présence.

Ce fut un atroce combat, milord, une lutte odieuse, où l'un des champions, blessé, meurtri déjà, n'avait pour se défendre que ses mains désarmées, tandis que l'autre frappait avec une massue dont chaque coup pouvait être mortel.

Mais celui qui était sans armes avait à venger vingt années d'esclavage et de martyre.

Son visage fut en un instant couvert d'horribles contusions. Il ne tombait pas néanmoins, parce que chaque coup amorti, sinon paré, par sa main tendue, perdait une grande partie de sa force. — Il attendait.

Ismaïl, lui, frappait, comme toujours, en aveugle.

Leurs respirations haletantes se mêlaient et produisaient un son effrayant à entendre.

Au bout d'une minute ou deux, je vis avec épouvante Roboam baisser la main qu'il étendait pour parer. Le fléau décrivit en sifflant sa courbe impétueuse. Je crus le combat fini.

Le combat était fini en effet, milord, mais ce n'était pas Roboam qui était le vaincu. D'un mouvement rapide comme l'éclair, il avait évité le plomb mortel, et, profitant de l'instant où Ismaïl relevait son arme, il l'avait saisi à la gorge.

Mon père, suffoqué, ne jeta pas même un cri. Roboam fut obligé de le soutenir pour l'empêcher de tomber comme une masse inerte sur le sol.

Alors le muet se prit à rire en montrant ses longues dents blanches, aiguisées comme les dents d'une bête fauve. Son instinct sauvage, violemment surexcité, revenait en ce moment avec une incroyable énergie.

Il traîna mon père jusqu'à l'autre bout du laboratoire, saisit une grosse corde et le gar-

Folla, n'interrompant de temps à autre sa besogne que pour pousser un rauque éclat de rire.

Je voyais tout cela, milord, mais je ne pouvais ni me mouvoir ni produire aucun son. J'étais comme frappée de la foudre, et c'est à peine si mon esprit bouleversé conservait le pouvoir de sentir. Je regardais, stupéfiée, presque folle, comme si cette lutte avait eu des étrangers pour acteurs.

Quand Roboam eut lié mon père, il s'élança vers la porte et disparut avec un cri de sauvage triomphe.

Quelques minutes après, sanglant encore et le visage hideusement meurtri, le muet repassa le seuil. Il était suivi d'un magistrat et de deux constables qu'il venait de chercher et qui entrèrent sur ses pas dans le cabinet secret d'Ismaïl.

XX

EN SURSAUT.

Avant l'arrivée du magistrat et des constables amenés par le muet Roboam, j'étais restée seule avec mon père.

Ismaïl était plein de vie, milord. En se

voyant vaincu par son esclave, il avait feint la suffocation immédiate afin de le faire lâcher prise. Ensuite il s'était laissé garrotter parce qu'il ne pouvait deviner le dessein de Roboam. — Moi-même, maintenant que j'y pense, j'ai peine à concevoir comment cette idée avait pu germer dans l'esprit du muet, et je ne puis l'expliquer qu'en pensant qu'une terreur superstitieuse lui défendait, même en ce moment de suprême colère, de tuer Ismaïl de sa main.

En sortant, Roboam m'avait énergiquement défendu, à l'aide de son expressive pantomime, de détacher les liens de mon père.

Ce mouvement avait révélé ma présence à Ismaïl. Il changea de couleur, et sa mobile physionomie refléta rapidement plusieurs sentimens opposés. La colère d'abord, puis l'espoir.

Dès que Roboam eut refermé la porte, ce qu'il fit soigneusement et à double tour, mon père prononça doucement mon nom.

Je ne répondis pas, milord, et je ne bougeai pas. Je vous l'ai dit : j'étais littéralement foudroyée. Le plafond de la chambre eût craqué au dessus de moi que je n'aurais pas pu faire un mouvement pour me sauver.

— Susannah! répéta Ismaïl avec une inflexion de voix caressante.

Même silence de ma part et même immobilité.

Mon père fronça le sourcil et fit effort pour rompre ses liens. Mais Roboam avait noué les cordes avec cette vigueur que donne la colère, et les cordes ne cédèrent point.

Ismaïl retomba épuisé et courba la tête.

Dieu m'est témoin, milord, que j'aurais voulu le secourir. Non pas parce que je prévoyais le dénouement préparé par Roboam à cette scène, mais parce qu'il souffrait...

J'étais impuissante, toujours. — Il semblait qu'une main pesante et glacée comprimât mon cerveau. Je ne souffrais pas. — La mort doit être cela, Brian.

— Susannah, Susannah! me dit Ismaïl

après quelques minutes de silence, j'ai été bien cruel envers vous, ma fille... Je me repens... Je vous demande grâce... Pitié, Susannah, ces cordes m'entrent dans la chair... je souffre !

Je fis sur moi-même un si violent effort, que je domptai ma paralysie pour un instant et parvins à me soulever sur mes genoux. — Mais ce fut tout ; je m'appuyai, haletante, à la chaise vide de Roboam.

— Bien, Suky! du courage, ma fille! s'écria Ismaïl. Voici un couteau tout près de moi, — et je ne puis le saisir ! ajouta-t-il avec une rage soudaine... Ah! je le tuerai sans pitié, le misérable !... mais non, Suky, oh! non, je ne tuerai personne si vous me délivrez...

Vous aimez Roboam : je lui rendrai sa liberté !... Savez-vous, ma fille... je vous donnerai la maison des champs où vous avez passé autrefois quelques mois, et là vous trouverez Brian de Lancester... vous le verrez sans cesse... à toute heure, Suky... et Brian vous aimera !

— Brian ! répétai-je d'une voix si faible qu'il ne m'entendit point sans doute.

Il vit dès lors que j'étais incapable de le secourir, et une expression de colérique amertume remplaça la feinte douceur dont il avait masqué son visage.

— Oh ! que tu es bien une femme ! dit-il en donnant à ce dernier mot un son d'inexprimable dédain; — inutile ou nuisible!... Quand on n'espère qu'en toi, tu ne veux pas... et quand tu veux, tu ne peux pas!

Je pense, milord, qu'Ismaïl savait dès ce moment le péril qui le menaçait, car de minute en minute son regard se tournait plus anxieux vers la porte. — Il voulut me donner le change.

— Vous ne savez pas ce qui nous attend ici, miss Susannah, reprit-il avec ce sérieux affecté qu'on emploie pour persuader les enfans; — c'est une chose atroce, ma fille!... Roboam a fermé les deux portes... Nous n'avons ici nul moyen de nous faire entendre... Il nous laissera mourir de faim.

Cette idée effrayante ne produisit sur moi aucun effet. — On entendit des pas dans l'escalier dérobé.

— Ecoutez, Suky, dit-il alors en changeant de ton tout-à-coup; — c'en est fait! je suis perdu... Ce misérable s'est vengé comme un homme civilisé eût pu le faire... Ecoutez! des hommes vont venir... des juges... des personnes sages, ma fille, qui tordent la loi comme un câble et s'en servent pour étrangler de temps à autre un de leurs semblables... Ne dites point que je suis votre père; ils vous mettraient en prison et vous ne pourriez plus m'être utile... car vous êtes bonne, Suky, et, quand vous aurez repris vos forces, vous ferez ce que vous pourrez pour m'empêcher de mourir...

— Oh! oui, monsieur, répondis-je.

— Les voilà!... Il est fâcheux, Suky, que vous n'ayez pas pu vous remettre plus tôt... Mais il y a loin d'ici à Newgate, et j'espère...

La porte qui s'ouvrit lui coupa la parole.

Roboam se précipita dans la chambre et désigna avec une rapidité de gesticulation frénétique tous les objets suspects dont je vous ai parlé, milord.

Cette rapidité, qui prouvait que la colère du muet n'était point calmée, ne put être égalée que par la prestesse avec laquelle l'homme qui le suivait immédiatement parcourut la chambre du regard.

Cet homme était petit et maigre. Il portait sur le nez de lourdes lunettes de métal, et ses cheveux plats, collés à son front, semblaient habitués à se couvrir d'une perruque.

Derrière lui venaient deux forts auxiliaires, vêtus de ce singulier costume, moitié civil moitié militaire, que j'ai su depuis être celui des policemen.

Le petit homme était un commissaire de police.

Son premier coup d'œil lui avait suffi apparemment, car il prit une chaise et s'assit sans façon auprès d'Ismaïl, toujours garrotté, que Roboam venait de traîner triomphalement au milieu de la chambre.

— Monsieur Ismaïl Spencer, dit le petit homme avec un évident contentement de soi-même, je suis Robert Plound, esq., adjoint au commissaire de police de White-Chapel... Vous savez, le bureau de Lambert-Street, M. Spencer... Ah! ah! voilà une singulière officine, monsieur... singulière, Jem Wood, ajouta-t-il en se tournant vers les policemen; — très singulière, Peter Beloughby!.. hein?.. Vous avez eu soin, monsieur Spencer, de rassembler ici des preuves si convaincantes, — de si belles preuves, oserai-je dire, — qu'il n'est aucun besoin de dresser acte pour le moment... Je vais tout bonnement mettre les scellés sur la porte de ce cabinet. Un cabinet fort surprenant, Jem?... surprenant au dernier point, Beloughby? — Et vous conduire en prison, monsieur Spencer, s'il vous plaît.

Mon père ne répondit point à cet étrange discours; — mais Roboam, qui se tenait debout derrière lui et dont toute l'attitude exprimait la joie sauvage d'une vengeance satisfaite, en accueillit la conclusion par ce cri rauque et affreux à entendre qui était son sourire.

— Drôle de garçon, ma foi! dit Robert Plound en le regardant par dessus ses lunettes; — drôle de garçon, Jem Wood, hein?... S'il n'était pas particulièrement stupide de dire à un muet de se taire, je me crorais obligé de lui imposer silence, Peter Beloughby. Allons! mettez M. Spencer à même de nous suivre, mes amis... Cet homme sans langue l'a, ma foi, garrotté comme s'il n'eût fait autre chose de sa vie.

On délia les jambes d'Ismaïl afin qu'il pût marcher. Ses poignets seuls demeurèrent dans l'état où les avait mis Roboam.

— Mon ami, dit le commissaire à ce dernier, je ne suis pas en peine de vous trouver quand il en sera temps... Ce que vous venez de faire dénote un excellent naturel et prouve que vous nous aiderez, lors de l'instruction, à mettre la corde autour du cou de M. Spencer... Mais, Jem Wood, et vous Peter Beloughby, quelle est cette demoiselle ?

Les deux policemen me regardèrent.

— Ce doit être la fille de M. Spencer, reprit

Plound, et je lui dois la justice de dire qu'il a là une fort jolie fille... Nous allons la conduire en prison.

Les deux policemen firent un pas de mon côté, mais Roboam s'élança au devant d'eux et me saisit dans ses bras.

— Hein?... dit le petit commissaire : — cet homme sans langue prétendrait-il résister à la justice du royaume!...

Roboam multipliait ses gestes expressifs. Par un sentiment tout différent de celui de mon père, il se rencontrait avec lui dans la même idée, et sa pantomime m'appelait sa fille.

Le commissaire et les policemen, ne comprenaient point.

— Qu'a-t-il, Jem Wood?... demandait Robert Plound; — qu'a-t-il, Peter Beloughby, je vous prie?... cet homme se démène comme un démoniaque, et, pour mon compte, je le trouve fatigant... Faites votre devoir, mes amis.

La figure de Roboam exprimait en ce moment une résolution terrible. Il se plaça, les points fermés, au devant de moi, — et certes, milord, celui qui, sans armes, avait pu venir à bout d'Ismaïl armé, n'était pas un adversaire à dédaigner; même pour deux policemen et un commissaire-adjoint.

Robert Plound le sentit, car il annonça l'intention de parlementer.

— Au fait, reprit-il, tous ces gestes veulent dire quelque chose... Je voudrais en faire la gageure... Voyons, mon ami, expliquez-vous plus clairement.

Roboam prit ma main qu'il appuya contre son cœur.

— Ah! diable... dit le petit homme, c'est bien différent... Je ne comprends pas.

Ce fut alors que mon père ouvrit la bouche pour la première et la dernière fois durant toute cette scène.

— Ne voyez-vous pas que cette enfant est

sa fille! prononça-t-il en haussant les épaules.

— Merci, monsieur Spencer, merci! vous avez, si j'ose m'exprimer de la sorte, tranché le nœud de la difficulté... Je me plais à reconnaître que l'homme sans langue a quelque apparence de raison de son côté... C'est bien, Jem Wood... c'est très bien, Peter Beloughby!... allons-nous-en!

On nous fit sortir les premiers, Roboam et moi, milord, puis, mon père, placé entre les deux policemen, passa pour la dernière fois le seuil de son cabinet secret.

Le commissaire appliqua sur la serrure une bande de parchemin qu'il scella.

Nous descendîmes l'escalier et nous arrêvâmes dans cette pièce que mon père appelait son boudoir.

— Vous étiez bien logé, monsieur Spencer, dit Robert Plound; — mais à qui diable iront tous ces beaux meubles quand vous aurez été pendu?...

Mon père semblait être devenu de marbre. Il traversa le boudoir d'un pas ferme et disparut par la porte opposée. — Roboam et moi nous restâmes dans le boudoir.

Je ne savais pas bien encore, Brian, le sort qui attendait mon père. Son calme et surtout la liberté d'esprit pleine d'indifférence de cet homme qui venait de l'arrêter, ne me permettaient pas de penser qu'il pût s'agir de vie et de mort. — J'ai vu depuis un juge interrompre une sentence mortelle pour se retourner et recommander à un bas officier de la justice la côtelette et le pudding qui devaient faire son déjeûner. — J'ai vu les avocats rire entre eux et ramener sur les yeux les boucles de crin de leurs perruques blanches, pour cacher les éclats d'une intempestive et blasphématoire gaîté, au moment même où la loi suspendait son glaive sur la tête d'un homme; — mais alors, milord, je n'étais pas si savante que cela.

Ce qu'il y avait de positif et de certain, c'est qu'Ismaïl était menacé d'un grand malheur et que Roboam en était la cause.

Je n'avais guère la force d'approfondir cette

idée et encore moins celle de faire des reproches à Roboam. Mon atonie, un instant galvanisée par les prières d'Ismaïl et la présence inattendue de trois étrangers, était revenue plus accablante et plus complète. J'étais étendue dans un fauteuil et je ne sentais rien.

Il se passa plus d'une heure ainsi, milord, je pense. Quand je rouvris les yeux, je vis Roboam qui se promenait par la chambre, en proie à une incroyable agitation. — Qu'il était changé, milord, et quelle expression de profond repentir remplaçait le sauvage triomphe qui animait naguère sa physionomie. Il se frappait la poitrine et sanglotait comme un enfant.

Je vous l'ai dit, il y avait entre lui et mon

père quelque lien mystérieux que la terrible exaltation de sa colère avait pu seule le porter à briser. Une fois sa colère passée, il mesurait sa faute et pleurait.

Dès qu'il me vit revenir à moi, il s'élança, tomba sur le tapis à mes pieds et couvrit mes mains de baisers. Puis, frappant sur ses poches où il y avait de l'or, il m'entraîna vers la porte.

Je compris qu'il voulait me faire sortir de la maison de Goodman's-Fields et je n'opposai point de résistance. Rien ne m'importait en ce moment; votre nom prononcé à mon oreille, Brian, n'eût peut-être pas eu le pouvoir de raviver ma torpeur.

Hélas! sauf de courts intervalles où une souffrance trop insupportable allait me piquer au vif jusqu'au fond de l'âme, tel fut mon état durant une année. Pendant tout ce temps, j'ai été de pierre, milord, et j'en remercie Dieu, car s'il me fût resté un atôme de sensibilité, je serais morte; et la vie m'est bien chère depuis huit jours!....

La nuit était tout à fait tombée lorsque Susannah arriva à cette partie de son récit. Elle parlait depuis bien long-temps et fut obligée de s'arrêter autant par fatigue qu'à cause de la douloureuse amertume des émotions rappelées.

La chambre n'était point parfaitement obscure, parce que l'éclairage du dehors frappait la surface blanche du plafond et envoyait aux objets de vagues et incertains reflets.

Habitués déjà à ces lueurs douteuses, interceptées de temps à autre par un flux de brouillard ou par l'une de ces éclipses instantanées de gaz si fréquentes dans Londres, Brian et Susannah se voyaient.

La belle fille, pâlie par la lassitude, avait sur ses traits une langueur qui la rendait plus charmante. Brian la regardait avec un ravissement extatique. Il repassait dans sa mémoire les traverses de cette vie si cruellement éprouvée; il cherchait en soi de quoi compenser tant de douleurs et faisait à Susannah, dans son rêve, un féerique avenir...

Le bruit empêche de dormir, comme chacun sait ; le mouvement aussi ; mais lorsqu'on s'est endormi par le mouvement, l'immobilité réveille : ceci ne sera nié par aucun voyageur coutumier du sommeil en malle-poste ou en diligence. De même, quand on a pris sommeil par le bruit, le silence secoue l'engourdissement et chasse ce que les poètes nomment *les pavots* depuis des siècles.

Ce qui porterait à penser que le premier poète était un apothicaire.

Nous avions, en vérité, besoin de cette transition habile pour arriver sans cahot à la petite Française, madame la duchesse douairière de Gèvres, que nous avons laissée, — il y a bien long-temps, — dormant d'un sommeil paisible dans le cabinet noir.

Madame la duchesse de Gêvres, si nous ne faisons point erreur, mettait en œuvre toute son industrie, au moment où nous l'avons quittée, pour tirer parti comme il faut des ressources incroyables offertes par l'île déserte de Robinson Crusoé, et vivre aussi confortablement que possible dans cette solitude.

Mais, voyez le néant des transitions! — Ce ne fut pas du tout le silence subit de Susannah, qui fit sortir madame la duchesse de Gêvres de sa léthargie. Cette petite femme dormait si sérieusement, si résolument, si vaillamment, que Susannah aurait pu parler ou se taire à son choix, pendant trois jours et trois nuits consécutives, sans troubler le repos de sa tante prétendue.

Pour l'éveiller, il ne fallut rien moins que l'une de ces péripéties bizarres et saisissantes dont fourmillent les aventures de Robinson Crusoé.

Ce ne fut au reste ni le naufrage, ni l'incendie de son canot, ni la contrariété de ne point pouvoir se fabriquer une pipe, qui mit madame la duchesse hors de son sommeil; ce ne fut point non plus l'une de ces averses monstrueuses qui continuent sans interruption pendant trois mois en ces climats poétiques, mais incommodes, où est située l'île de Robinson Crusoé; ce ne fut pas même...

Mais disons tout de suite ce que ce fut.

Ce fut le pied, — le pied sur le sable, — le pied de sauvage, ce pied fameux qui a fait venir la chair de poule à plus de vingt millions de lecteurs, depuis que Robinson existe, — ce pied nu, avec les quatre doigts et l'orteil, pied d'antropophage incrusté, gravé en creux sur la molle surface de la grève...

Oh! ce pied!... quand madame la duchesse de Gêvres vit ce pied, une sueur froide courut par tout son petit corps. Elle se fit un bouclier de son parasol en peau de kanguroo, et voulut se raidir contre le péril, mais ce fut en vain. — Le pied était là, menaçant, fatal, dessinant ses contours sinistres avec une correction de lignes éminemment diabolique...

Que faire contre ce pied ?... madame la duchesse de Gêvres s'éveilla en sursaut.

Elle jeta autour de soi son regard épouvanté et ne vit rien. Pas le plus petit palmier à chou, pas la moindre noix de coco. — Il faisait nuit, nuit noire.

Après s'être sommairement félicitée d'avoir échappé par miracle aux dangers du pied, madame la duchesse de Gêvres, qui était une femme de tête, se frotta les yeux et s'occupa de mettre de l'ordre dans ses idées.

Elle s'était endormie alors qu'il faisait grand jour : les deux amans, à cette heure, étaient en présence. — Y étaient-ils encore ?... Et qu'avaient-ils pu se dire ?

C'était là la question, et c'était une question effrayante.

— Sotte que je suis ! murmura la petite femme avec un véritable regret ; — j'ai dormi plus de deux heures !... Pendant ce temps ma chère nièce a pu lui dire tout à son aise ce qu'il ne devait point connaître... Ah ! *lord* (1) ! si ce coquin de Tyrrel pouvait savoir cela !...

Comme elle prononçait ces mots, une main saisit son bras dans l'ombre et le serra fortement.

— Vous étiez là, milord ! dit-elle.

— Le coquin de Tyrrel était là, madame la

---

(1) Ah! seigneur! exclamation de femme.

duchesse, comme vous voyez, répondit l'aveugle.

— Je vous jure...

— Taisez-vous !... Vous avez bien fait de dormir, Maudlin, et, en disant que je suis un coquin, vous ne vous avancez pas beaucoup, sotte bavarde... Seulement, assurez-vous que je ne suis pas là avant de le dire désormais...

— Milord...

— La paix, Maudlin !... N'allez-vous pas penser que je vous en veux, sotte créature !... Je vous le répète : Vous avez bien fait de dormir... Si vous aviez veillé, Maudlin, vous eussiez entendu des choses, — que vous auriez comprises peut-être, car vous êtes avisée pour deviner ce qui ne vous regarde point, — et alors, il aurait fallu vous réduire en silence...

D'ordinaire, l'aveugle Tyrrel était fort loin de se montrer aussi communicatif. — La petite Française trouva aussi qu'il y avait dans ses paroles un ton de gaîté mêlée d'amertume qu'elle n'y avait jamais remarqué.

— Oui, reprit-il avec une sorte d'enjouement sarcastique ; — madame la princesse a parlé, Maudlin, beaucoup parlé... Et il a été question souvent d'un homme que j'ai connu assez particulièrement autrefois... Entre cet homme et moi, on a établi une comparaison qui pourrait avoir sur ma parole des suites très fâcheuses, si on ne se hâtait d'y mettre ordre... Qu'ont-ils dit avant que vous dormiez, Maudlin?

La petite femme recueillit ses souvenirs et raconta l'équipée romanesque de Brian dans les jardins royaux du château de Kew.

— Ah! c'est lui! s'écria-t-il; c'est ce maître fou qui a fait cet exploit!... mais on ne parle que de cela dans la ville, pardieu!... Ah! ah! voilà par exemple un heureux hasard, et cette bonne nouvelle vous absout complétement, Maudlin...

La chambre où se tenaient Susannah et Lancester s'était illuminée dans l'intervalle. Un valet venait d'y apporter des bougies.

—Mais écoutez, Maudlin, écoutez!... la voilà qui va recommencer, et la fin de son histoire vous intéressera sans danger pour moi... pour l'association, veux-je dire, comme bien vous pensez... Il s'agit d'une exécution capitale... Vous savez, la pendaison de Spencer?... J'y étais, Maudlin, mais placé de telle sorte que je ne jouissais pas du tout du spectacle... et je serai bien aise d'apprendre quelle figure fit le juif en cette circonstance.

Tyrrel prononça ces mots avec un ton de cynique fanfaronnade, mais il y avait une secrète horreur sous sa jactance, et la petite Française, à la faible lueur des bougies voisines passant à travers les trous du verre rendu opaque, crut voir des gouttelettes de sueur briller sur la blafarde pâleur du front de l'aveugle.

XXI

OLD-COURT.

Une chose étonnait grandement madame la duchesse de Gêvres. C'était la facilité avec laquelle l'aveugle, si sévère d'habitude, lui pardonnait aujourd'hui sa négligence.

— Et ne pensez-vous point, milord, demanda-t-elle avec cette tortueuse curiosité qui ne vise jamais droit au but et louvoie comme un vaisseau cinglant vent debout, — ne pensez-vous pas qu'il vaudrait mieux clore cet entretien ?...

— Non, Maudlin, non. Il sait maintenant ce qu'il ne devrait point savoir, et peu importe qu'il le sache plus ou moins... D'ailleurs, pendant que vous dormiez, je faisais mon plan, et ce vaillant chevalier sera désarçonné avant de pouvoir mettre la lance en arrêt... Mais écoutez, bavarde incorrigible !... écoutez ou rendormez-vous !... Il est des choses qu'elle ne voudrait point dire à d'autres qu'à son amant et qu'il m'importe... qu'il nous importe de connaître.

Dès qu'il se tut, la voix de la belle fille arriva, distincte, dans le cabinet noir.

— Il me reste bien peu de choses à vous apprendre, milord, disait-elle. Vous me connaissez maintenant et, si je continue, c'est que je veux qu'il n'y ait point de lacune en mon histoire et que vous soyez près de moi comme serait un frère dont l'œil ne m'aurait jamais quittée depuis les jours de mon enfance.

Roboam loua un petit logement dans Faringdon-Street, non loin de la prison de Newgate où mon père fut transféré au bout de deux jours. Il avait emporté avec lui beaucoup d'or en quittant la maison de Goodman's-Fields ; mais nous vivions bien pauvrement, parce que cet or fut employé en grande partie par Roboam à soulager la captivité de mon père.

Assurément, le pauvre muet avait été bien cruellement poussé à bout, et nul de ceux qui savaient la barbare tyrannie dont le poids l'écrasait naguère n'aurait eu le droit de blâmer sa vengeance. Néanmoins, il se repentait amèrement. Libre maintenant, il était plus malheureux qu'au temps de son esclavage. Il regrettait sa chaîne.

Ismaïl seul aurait pu dire quel singulier pacte existait entre lui et le muet. Il est certain que Roboam l'aimait. Roboam eût donné son sang maintenant pour sauver la vie du maître impitoyable qui, durant vingt années, l'avait accablé de tant de tortures.

Mais il n'était pas en son pouvoir de défaire ce qui était fait.

Je ne pourrais dire au juste combien de jours s'écoulèrent entre l'arrestation d'Ismaïl et son procès. — Un matin, nous vîmes venir des gens de justice qui nous emmenèrent, Roboam et moi, dans Old-Bailey. On nous fit baiser un livre que je n'avais jamais vu dans la maison de Goodman's-Fields, — la Bible, milord, — et l'on nous dit de jurer, après qu'un greffier eut récité la formule d'un serment.

Je jurai. — Roboam fit un signe équivalent à une affirmation.

Le greffier nous interrogea.

Roboam répartit négativement, par signes, à toutes les demandes qui lui furent faites. Moi, au contraire, je ne déguisai en rien la vérité. — Ainsi ce fut moi, milord, qui achevai l'œuvre de Roboam...

Le grand jury s'assembla un mardi dans la salle basse d'Old-Bailey, pour décider préalablement la question de savoir s'il y avait lieu oui ou non de poursuivre l'accusation intentée contre mon père. La délibération ne fut pas longue et un verdict unanime renvoya mon père devant les juges du roi dans Old-Court.

J'étais présente lors de la délibération du grand jury, et je n'avais point vu mon père dans la salle; mais, comme je sortais, protégée par Roboam, j'entendis une voix à mon oreille qui me disait :

— Comment vous portez-vous, Susannah?

Je me retournai. — C'était Ismaïl.

Il portait l'ignoble costume des prisonniers de Newgate et ses mains étaient entourées d'un cercle de fer. — Son visage était bien pâle; mais ses yeux fatigués gardaient leur expression d'amère et inflexible ironie.

— Oh! monsieur!.. monsieur... m'écriai-je.

— Chut, Suky! dit rapidement mon père

—Roboam doit se repentir ce qu'il a fait, n'est-ce pas, et c'est lui qui m'envoie des secours ?

— C'est lui, monsieur.

—Pauvre fou!... murmura-t-il.

Et il poussa du coude Roboam qui ne l'avait point aperçu encore.

Je crus que Roboam allait se prosterner devant lui, tant son visage exprima en ce moment un respect profond, superstitieux, sans bornes. Mon père l'arrêta d'un regard et lui dit tout bas :

—Tu m'as perdu, mais tu voudrais me sauver... c'est bien. —Fais que le docteur

Moore vienne me voir dans ma prison, et recommande-lui de m'apporter un poignard.

Les gardes d'Ismaïl, évidemment gagnés, ne s'étaient point opposés à cette courte conversation ; mais, à ce moment, l'un d'eux craignant sans doute les réprimandes de ses chefs, lui ordonna avec rudesse de se remettre en marche. — Ismaïl me fit un petit signe de tête protecteur, absolument comme au temps de sa prospérité, puis il marcha, le front haut, devant ses gardes.

Roboam m'entraîna rapidement et me fit traverser à pied, sans reprendre haleine, une suite interminables de rues, afin de s'acquitter immédiatement de sa commission. — J'écrivis au crayon, sur une page de mes tablettes, ce que demandait mon père, et Roboam monta chez le docteur.

Je crois, milord, que la demeure de ce docteur Moore est dans cette rue même et bien près d'ici, car la première fois que je suis entrée dans cette maison il m'a semblé en reconnaître les alentours...

— Eh bien! demandai-je à Roboam lorsqu'il redescendit, le docteur ira-t-il à la prison de mon père?

Il me fit signe que M. Moore s'habillait pour partir. — C'était sans doute le médecin ordinaire d'Ismaïl; c'était aussi sans doute un homme important; car j'ai su depuis que, malgré les ordres sévères qui nous défendaient, à Roboam et à moi, l'entrée de la prison d'Ismaïl, ce docteur Moore y avait pu pénétrer.

Le jour du procès définitif arriva. Dès le matin, Roboam et moi nous prîmes le chemin d'Old-Bailey. Je m'étais mis sur le visage un voile épais, parce que je savais qu'on me forcerait à parler devant beaucoup d'hommes réunis et que j'avais toujours ma timidité d'autrefois. Néanmoins, cette timidité ne me tourmentait guère à l'heure dont je vous parle, milord. Je savais maintenant ce qui menaçait Ismaïl, et l'accablement du pauvre Roboam me gagnait.

Nous traversâmes d'abord le vestibule, où se pressait une foule compacte de sollicitors, d'attorneys, de témoins et de bas officiers de la justice.—Puis nous montâmes une escalier tournant, en bois, raide comme un échelle, qui nous conduisit directement dans Old-Court.

L'affaire d'Ismaïl était capitale et, suivant ce que disaient autour de nous des gens de loi, elle aurait dû être jugée par les juges du roi en personne; mais il s'agissait d'un juif. Ce furent les magistrats de la Cité qui siégèrent.

Il y avait un juge, un assesseur, un greffier, et à droite du juge, sur un siége séparé par un large intervalle, un épais alderman qui dormait.

Old-Court n'a rien en soi d'imposant ou de terrible, comme vous pouvez le savoir, milord. C'est une salle de moyenne grandeur, en carré long, privée de toute majesté. Néanmoins, je me sentis trembler en y entrant, parce que je savais que ces hommes qui étaient devant moi allaient décider du sort de mon père.

Tout ce que je vis en cette circonstance est resté gravé au fond de ma mémoire en caractères ineffaçables.

On me plaça vis-à-vis du banc des juges qui s'appuyait à la muraille, tapissée, en cet endroit, d'une étoffe couleur de feu. Au milieu de ce banc, sous un dais de forme carrée, s'asseyait le magistrat principal, derrière lequel, fixée à la rouge tenture, pendait une épée nue.

A droite des magistrats et au delà de l'alderman endormi, une douzaine de gentlemen causaient gaîment de leurs affaires. C'étaient les jurés. — A gauche, étaient les avocats. Ce fut derrière leur banc que s'ouvrit la porte qui donna passage à mon père.

Derrière moi se tenait le public, et parmi le public, milord, je reconnus avec étonnement, cachés sous des costumes vulgaires, la plupart des nobles habitués du Golden-Club.

Il est bien difficile à un muet de faire comprendre, à l'aide de sa pantomime, des idées abstraites. Depuis quelques jours, Roboam s'efforçait auprès de moi et multipliait des gestes dont je ne pouvais saisir le sens. J'ai deviné depuis qu'il me recommandait de répondre négativement à toutes les questions du magistrat, mais alors j'ignorais complétement ce qu'il voulait dire. Le pauvre Roboam se désespérait. Il pouvait bien contrefaire avec une régularité scrupuleuse le corps d'un billet ou copier une signature, mais il ne savait point écrire, et lorsqu'il imitait les lettres de change de la Cité, il ne faisait que dessiner un modèle, sans se préoccuper du sens des mots.

J'arrivais donc dans le Old-Court sans préparation aucune.

On me fit asseoir sur une sellette, relever

mon voile et baiser une Bible. Puis le juge, l'attorney du roi et les avocats me pressèrent à l'envi et tour à tour de questions insidieusement posées.

Je répondis encore suivant la vérité, milord, et Roboam ne fut interrogé que par manière d'acquit. J'en avais dit assez pour faire condamner mon père.

Quand jeus finis, avant de rabaisser mon voile, je tournai instinctivement les yeux vers lui. Il me fit un signe de tête amical, qu'il accompagna d'un sourire. Sa figure exprimait le calme le plus complet.

L'accusateur public se leva et fit signe à un valet de justice qui retira un tapis de serge, dont les vastes plis recouvraient une table encombrée d'objets divers. C'étaient tous les outils du laboratoire de Roboam, la toilette, les fausses clés, les armes, les poinçons, burins, matrices, etc.

L'accusateur demanda à Ismaïl s'il reconnaissait ces objets.

— Je les reconnais, monsieur, répondit mon père en passant négligemment un petit peigne d'écaille parmi les flots soyeux de sa longue barbe noire ; — ce sont, je vous prie de le croire, d'excellens instrumens, qui m'ont coûté fort cher... les armes surtout décoreraient très passablement un cabinet de sportman... et vous aimez le sport, m'a-t-on dit, monsieur... Je suis mortifié que la loi m'empêche de disposer de ces bagatelles... je me serais fait l'honneur de vous les offrir.

Ismaïl se rassit. — L'accusateur ramena sa perruque grisâtre sur son rouge visage et lui lança un regard de colère, auquel Ismaïl répondit par un profond et ironique salut.

Les gentlemen jurés se prirent à rire.

L'huissier frappa de sa masse le plancher en criant d'une voix nasillard et endormie :

— *Saêlen'ce !* (1)

Je ne sais pas, milord, quelle était la se-

---

(1) Prononciation anglaise du mot *silence*, qui s'écrit de même dans les deux langues.

crète pensée de mon père, mais il est certain pour moi qu'un mystérieux espoir le soutenait, car, pas une seule fois, durant le cours du procès, il ne manifesta aucun désir d'être acquitté, aucune crainte de se voir condamner. Au contraire, à diverses reprises, il railla ses juges, provoqua le jury et n'épargna pas même à son défenseur la piquante amertume de ses sarcasmes.

Peut-être méditait-il un projet d'évasion ; peut-être comptait-il sur l'intervention des hommes puissans qui avaient si long-temps fréquenté son enfer.

Mais il comptait encore sur autre chose, car, au pied même de l'échafaud, il garda sa sérénité ; — et son sourcil ne se fronça même pas pour commettre l'acte abominable qui fut son dernier crime...

Il ne croyait à rien. Mourir, c'était pour lui passer le seuil du néant. Je pense, milord, que, vaincu et démasqué désormais, Ismaïl aimait mieux se reposer dans la mort que de recommencer avec des chances moindres sa laborieuse lutte contre le monde.

Il venait de se faire un ennemi de l'accusateur qui passait pour être, malgré son âge et son caractère public, un homme frivole et de vie peu exemplaire. Ce magistrat soutint l'accusation avec une passion inouïe, ne se bornant pas à démontrer ce qui était vrai, constant, et suffisant, hélas! pour perdre mon père, mais bâtissant des hypothèses folles et passant à côté du crime réel pour combattre de chimériques monstruosités.

Chaque fois que l'attorney du roi s'arrêtait pour reprendre haleine, Ismaïl hochait la tête en guise d'approbation. L'alderman ronflait, les juges bâillaient, les juges parlaient opium, coton et tiers consolidé ; l'huissier disait périodiquement :

— *Saêlen'ce !*

Toutes les pièces de conviction furent passées tour à tour en revue, et c'est alors que j'appris positivement l'usage de la plupart d'entre elles. Ces pièces prouvaient, milord, qu'Ismaïl, à part ses autres industries coupables, pratiquait aussi le vol avec fausses clés et l'assassinat peut-être au besoin.

Mais ces faits ne pouvaient entrer dans la cause, parce que, suivant l'expression de l'un des juges, le *corps du délit* manquait.

En terminant, l'avocat de la couronne somma le jury, sur son salut éternel, de déclarer l'accusé coupable, le menaçant, au cas contraire, de toutes les vengeances célestes.

Le défenseur de mon père se leva. C'était un jeune homme, frais et rose, dont la perruque blanche (1) semblait un déguisement de carnaval.

---

(1) A Londres, les avocats portent perruque à deux marteaux, de couleur gris-blanc.

— Mon jeune gentleman, lui dit mon père, je pense que vous allez parler pour votre propre satisfaction. Quant à moi, je me priverais volontiers de votre éloquent appui, mon jeune gentleman.

— Oh ! oh ! murmura le jury.

— *Saêlen'ce !* prononça l'huissier qui dormait debout.

L'alderman protesta contre cet ordre par un ronflement sonore..

Le défenseur ne sourcilla pas. — Il fit un signe protecteur à mon père et commença son plaidoyer en affirmant sur l'honneur qu'il allait rendre l'innocence de son client plus claire que le jour. Il fit cette annonce avec tant d'assurance, milord, que je me sentis venir un peu de joie au cœur, pensant que mon père allait être sauvé.

Mais cet espoir dura peu. Le jeune avocat parla pendant deux heures et ne dit pas un mot qui eût trait au procès. Il raconta les malheurs du peuple d'Israël en Egypte, fit le tableau des sept plaies et passa la mer Rouge avec Moïse. Ensuite, à propos de la contrefaçon des effets, il établit laborieusement que la gravure et la calligraphie sont des arts recommandables...

Ici nous croyons devoir interrompre, pour un moment, le récit de Susannah. Cette partie de son histoire pourrait paraître en vérité invraisemblable à ceux qui n'ont point l'habitude de la justice de Londres, justice assurément fort respectable, mais dont les dehors atteignent les plus extrêmes limites du grotesque. Notre barreau compte de recommandables talens et nos hommes de loi ont une réputation européenne, que nous ne prétendons point contester ;—mais si l'on entre dans New-Court, par exemple, pendant la session, ne se croit-on pas tout-à-coup transporté dans le domaine de la farce, et ne pense-t-on pas involontairement à cette comédie de France intitilée : *The ligitious men* (les *Plaideurs* de Racine), où un avocat parle de la création du monde à propos du meurtre d'une poularde ?.. Si nos formes seules étaient surannées, s'il n'y avait que le costume de nos gens de loi à être ridicule, ce serait inconvénient secondaire et faute vénielle, mais la forme déteint sur le fond et l'avocat, — que les dignes gentlemen nous pardonnent! — est plus ridicule encore que son costume.

Qui ne rirait, ou mieux qui n'aurait compassion en voyant ces pauvres créatures, écrasées sous une perruque de filasse, suer sang et eau, se démener, marteler de leur poing fermé des tables innocentes, perdre haleine en d'incommensurables périodes, souffler, tousser, hoqueter, s'enrouer, tout cela pour endormir un alderman, ou impressionner un assesseur, borne immobile, statue mal taillée dans un bloc de sapin grossier, ou bien encore pour persuader les gentlemen jurés, — quelques marchands affairés, qui continuent la Bourse à l'audience?

C'est burlesque, — et c'est profondément odieux, parce qu'il y a de l'autre côté de la salle un homme que ces marchands inattentifs vont déclarer coupable presque au hasard, et que ces juges somnolens vont condamner à la déportation ou à la mort!...

— Quand le jeune avocat eut terminé sa plaidoirie, reprit Susannah, un murmure flatteur circula dans l'auditoire. C'était un début. On le déclara fort brillant. Et la famille du jeune *pleading counsellor*, assemblée pour fêter ses premières armes, applaudit en versant des larmes de joie.

L'huissier fut obligé de crier cinq ou six fois silence, pour modérer l'allégresse de ces bonnes gens, qui ne voyaient dans mon père qu'un *sujet* de plaidoirie, dont le héros de cette fête de famille avait tiré un glorieux parti...

C'étaient des guinées en perspective, milord, et cette famille était Londres entier en raccourci !

La représentation touchait à son terme. — e magistrat qui siégeait sous l'épée de justice arla durant quelques minutes d'une voix indolente et ennuyée, puis il demanda à mon père s'il ne voulait rien ajouter.

Mon père ne répondit que par un salut cavalier, accompagné d'un mouvement de lèvres plein de bravade.

Les jurés quittèrent leurs places, se groupèrent et commencèrent une active conversation. Il serait odieux de penser, milord, qu'ils ne discutaient pas la grave question qui venait de leur être posée.—Et pourtant quelle indifférence sur tous ces visages, grand Dieu!

Au bout de dix minutes, l'un d'eux pirouetta sur ses talons et regagna son siége. Presque aussitôt après, un autre l'imita, puis un autre encore, de sorte que bientôt tous les jurés eurent repris leurs places, croisé leurs jambes et fiché leurs regards ennuyés au plafond.

Le chef du jury seul était resté debout. Sur la demande du président, il prononça le verdict, une main dans la poche de son pantalon et l'autre à son jabot. — Mon père était coupable à l'unanimité.

Alors, milord, ce furent de nouveaux débats. L'attorney du roi et le défenseur ouvrirent de gros livres et se jetèrent à la face des citations latines, après quoi le magistrat principal leur imposa silence. — On réveilla l'alderman, qui se frotta les yeux, et les juges délibérèrent à leur tour.

Au moment où ils rendaient leur sentence, qui prononçait la peine de mort contre mon père, le bruit joyeux des félicitations adressées au jeune avocat devint si scandaleux que l'huissier fut obligé de jeter par la salle son monotone : — *Saêlen'ce !*

Mon père écouta l'arrêt sans manifester la moindre émotion. Roboam, au contraire, poussa un cri sourd et se frappa la poitrine avec désespoir. Mon père lui adressa un regard de pitié.

— Pauvre fou ! dit-il encore ; — au revoir, miss Suky !

Ses gardiens l'entraînèrent.

Nous regagnâmes notre maison de Faringdon-Street. Mon atonie était arrivée à son comble. J'éprouvais une insensibilité complète et générale. — Tous ce que je viens de vous raconter, milord, ne m'arracha pas une larme,

Deux jours après, je reçus une lettre par un exprès inconnu. Voici ce qu'elle contenait :

» Je comptais faire de vous une lady, Susannah ; sans ce malheureux idiot de Roboam, la fashion de Londres eût élevé un trône à la *Sirène*, un trône dont les degrés auraient été d'or.

» Maintenant tout est fini. — Et cependant qui sait ce que l'avenir nous réserve à vous et à moi, Suky?...

» Vous souvenez-vous ?... Une fois, je vous ai promis de vous faire voir ce que c'est qu'être pendu : venez jeudi dans Old-Bailey, ma fille, avant le lever du soleil... venez-y ! c'est ma volonté, — ma dernière volonté ! — je vous tiendrai alors ma promesse, miss Susannah.

» Que Roboam ne manque pas d'y venir, et qu'il épie mes moindres mouvemens. — J'aurai besoin de lui.

» Au revoir, Suky; — Je ne crois pas en Dieu ; sans cela je vous dirais : que Dieu vous bénisse ! — Vous serez riche quand vous voudrez, parce que vous êtes belle... Tâchez de vouloir. »

XXII.

LA PORTE DE LA DETTE.

— Assurément, milord, dit à Tyrrel la petite Française, qui depuis quelques instans avait grand'peine à retenir sa langue, — j'avais entendu parler de l'exécution de ce mécréant d'Ismaïl Spencer, mais je ne croyais pas qu'il fût aussi endurci que cela !... Écrire une lettre pareille à l'article de la mort... à sa propre fille !... Quant à moi, lorsque je sentirai venir ma dernière heure, je compte bien songer un peu à l'éternité.

— Ismaïl fit ce qu'il voulut, Maudlin, répondit Tyrrel, qui semblait prendre au récit de Susannah un intérêt extraordinaire ; — vous ferez, vous, ce que vous voudrez... En attendant, écoutez !

La belle fille venait de reprendre la parole.

— La lettre de mon père, prononça-t-elle d'une voix dont la fatigue commençait à émousser le timbre sonore et pur, — me causa un sentiment pénible. Voilà tout ce que je puis dire, milord. Le temps des poignantes émotions était passé. Tout glissait sur l'épais vêtement d'insensibilité dont s'enveloppait mon cœur.

Je lus à Roboam ce qui le concernait. Un éclair de joie passa sur le front contrit du pauvre muet. Je pense qu'il espérait trouver une occasion de servir Ismaïl et réparer ainsi, autant que possible, l'œuvre fatale de sa colère.

Il était onze heures de la nuit environ. C'était la veille du jour fixé par la lettre de mon père. Je venais de m'endormir de ce sommeil pénible et plein de tressaillemens qui faisait de mes nuits une longue fatigue, lorsque Roboam se précipita dans ma chambre.

A force de gestes, il me fit entendre qu'il était temps de partir. Je m'habillai précipitamment. Nous sortîmes.

Il n'y avait encore personne dans Faringdon-Street, non plus que dans Fleet-Lane, que nous nous longeâmes pour déboucher dans Old-Bailey, vis-à-vis de la porte de la cour des sessions (1). — Au moment où nous apercevions les noires murailles de Newgate, les douze coups de minuit sonnèrent dans Skinner-Street, au beffroi du Saint-Sépulcre.

---

(1) Cour d'assises contenant la salle des grands jurys, Old-Court, New-Court, etc., etc.

Aucun mouvement ne se faisait dans cette rue large et d'apparence si lugubre qu'on nomme Old-Bailey. — On entendait seulement comme un murmure de gaies conversations dans l'air, tout le long des maisons qui font face à la cour et à la prison, et aussi dans les premiers bâtimens de Newgate-Street, ayant vue sur Old-Bailey.

Je levai les yeux pour voir d'où partait ce joyeux murmure qui contrastait si cruellement avec le lieu et la scène annoncée. Je n'aperçus rien d'abord ; mais bientôt mes regards, aguerris par l'obscurité, distinguèrent à toutes les fenêtres de toutes les maisons des gentlemen et des ladies ; des femmes du peuple étaient dans les greniers, et quelques enfans se cramponnaient aux saillies des boutiques.

Tous ces gens attendaient, milord. Ils avaient retenu leurs places. — On se plaint de faire queue une heure à Italian-Opera-House; mais on peut patienter une nuit pour être sûr de voir pendre un homme.

Il en est ainsi, dit-on, à chaque exécution. Chaque fenêtre, située convenablement, se paie jusqu'à dix guinées, et le prix triple lorsqu'il s'agit de condamnés d'importance.

On riait. — Quelque gentlemen sifflaient. — Quelques ladies fredonnaient l'air à la mode : — On tuait le temps.

Roboam et moi, nous nous étions assis sur

un soliveau couché au milieu de la rue, vis-à-vis de Debt's-Gate (la porte de la Dette). — Roboam avait mis sa tête sur ses genoux. Moi, je me tenais droite, immobile d'esprit comme de corps, et ne cherchant point à voir clair au fond des ténèbres de ma pensée.

Je ne souffrais pas ; je sommeillais moralement ; — seulement, j'avais bien froid et le pénétrant brouillard des nuits de Londres soulevait ma poitrine en une toux convulsive.

C'était là le seul bruit qui répondît aux gais chuchottemens des croisées.

Vers minuit et demi, une escouade d'ouvriers, conduite par des hommes de police, et suivie de trois ou quatre charrettes, tourna l'angle de Ludgate-Hill pour entrer dans Old-Bailey. Cette espèce de caravane s'avança silencieusement et s'arrêta juste en face de la porte de la Dette.

On nous repoussa rudement, Roboam et moi, jusqu'aux maisons situées vis-à-vis de la prison. — Le soliveau sur lequel nous venions de nous asseoir était le maître-poteau de la potence.

Les ouvriers s'occupèrent aussitôt activement à décharger les charrettes, qui contenaient des poutres, des planches et des pieux. On entendit bientôt retentir dans toutes les directions le bruit éclatant du marteau. — Les uns dressaient le plancher mobile de l'échafaud, les autres fichaient les pieux en terre et les reliaient par des madriers, pour former les barrières destinées à contenir la foule.

Tout cela se faisait à la hâte. On avait peur d'être surpris par le jour, et les chefs pressaient incessamment les retardataires.

A chaque coup de marteau, milord, je voyais le pauvre Roboam tressaillir. Il semblait qu'on lui frappât sur le cœur. — Moi, j'écoutais, non pas indifférente, mais prostrée ; je commençais à ressentir à l'âme une sourde douleur, sans élancemens, une de ces douleurs qui engourdissent et peuvent pousser l'apathie jusqu'à la torpeur.

Ce qu'on faisait autour de moi agissait sur moi sans doute, mais à mon insu. Je ne me rendais nul compte de ce qui allait se passer. J'écoutais le bruit du marteau comme les gais propos qui tombaient des croisées, comme les grossiers lazzi des manœuvres, et le nom de mon père, prononcé bien souvent autour de moi, n'affectait pas autrement mon ouïe que la voix monotone du policeman, exhortant les charpentiers à dresser solidement les barrières.

Milord, bien des jours se sont passés ainsi pour moi, et, un soir, j'ai pris le chemin de la Tamise pour me tuer, sans plus d'émotions que si j'eusse gagné ma couche à l'heure accoutumée.

Je ne puis penser que cela soit la vie. J'avais en moi quelque chose de mort : le cœur peut-être. — Et pourtant, mon cœur vivait, puisqu'il avait des larmes pour votre souvenir...

La besogne avançait rapidement. Aucune lumière n'éclairait les travailleurs, qui n'avaient pour se guider que la lueur incertaine des becs de gaz disséminés sur la place; mais ils étaient habitués à cette tâche, et leurs coups de marteaux éveillaient sans relâche l'écho profond des vieux murs de Newgate.

Ismaïl devait entendre le bruit de ces préparatifs. — Couché sur la natte de jonc posée sur le sol nu qui sert de lit aux condamnés à mort, il pouvait compter une à une les planches qui, clouées, allaient former la plateforme de son échafaud.

Je ne le sentais pas alors, milord, mais aujourd'hui cela me serre le cœur. — C'était une effrayante et lugubre chose que de voir tous ces hommes se mouvant dans l'ombre, empressés à élever le théâtre où l'un de leurs semblables allait mourir.

Et c'était une chose repoussante, un contraste hideux, une honte, que d'entendre, vis-à-vis de l'appareil de mort, ces douces voix de femmes parlant de choses frivoles, parlant d'amour peut-être!...

Il était deux heures du matin environ, lorsque les premiers flots de la foule apparurent confusément des deux côtés d'Old-Bailey. Une forte barrière défendait l'approche de l'échafaud dans la direction de Ludgate-Hill.

Du côté de Newgate-Street, on pouvait s'avancer presque jusqu'au pied des charpentes.

Pendant une heure, la cohue s'accrut sans relâche. Les barrières, sollicitées par une pression qui devenait plus lourde de minute en minute, craquaient et menaçaient de fléchir. C'étaient de toutes parts des jurons populaires, de brutales railleries, d'impatientes clameurs.

Encore six heures d'attente ! — C'était acheter bien cher le plaisir promis. Mais ce n'était pas trop cher. Le plaisir devait être plus complet qu'à l'ordinaire et le drame gardait aux spectateurs une péripétie imprévue.

Nous étions, Roboam et moi, entre deux

barrières, presque collés au mur de la maison qui fait face à la porte de la Dette. Une douzaine de personnes avaient seules pu pénétrer jusque-là. Un intervalle de quelques pieds et une chancelante barrière nous séparaient du gros de la foule. — Notre place était bien ardemment enviée, milord, et l'on se demandait, autour de nous, comment tant de bonheur nous était échu en partage !...

Susannah s'interrompit et passa sa main sur son front. Depuis quelques instans, sa voix était lente et pénible.

— Vous souffrez, madame, dit Lancester avec inquiétude; — remettez à un autre jour ce récit qui éveille en vous de trop navrans souvenirs.

— Non, milord, répondit Susannah. Il faut que vous sachiez tout aujourd'hui afin que je puisse rompre avec ce passé lugubre qui m'apparaît comme une sanglante vision... Je souffre... Oh! vous avez raison!... Je souffre aujourd'hui plus qu'en cette horrible nuit; mais je suis forte, milord...

Les heures de la nuit se passèrent, et les premières lueurs du jour, — d'un sombre jour d'hiver, — vinrent éclairer la scène.

Ce que j'aperçus d'abord, juste en face de moi, ce fut une masse noire de formée carrée, au dessus de laquelle se dressait le bras menaçant du gibet ; — c'était l'échafaud auquel les ouvriers avaient mis la dernière main et que recouvrait entièrement une draperie noire.

Les ouvriers disparurent; l'espace entre nous et l'échafaud demeura vide jusqu'à ce qu'une escouade d'hommes de police, armés de leurs baguettes, vînt l'occuper aux environs de huit heures.

A droite et à gauche, aussi loin que l'œil pouvait s'étendre, une foule immense ondulait, s'agitait, trépignait, transie par le glacial brouillard du matin. A mesure que s'éclairaient les mille visages de cette formidable cohue, on y voyait un sentiment commun, l'impatience, l'impatience cynique, brutale de l'affreux spectacle attendu.

Les douces voix s'étaient tues aux fenêtres

qui s'ouvraient au dessus de nous. Ici le respect humain remplaçait la pudeur. On avait honte en face de cette foule animée d'odieux instincts ; on avait honte de se montrer à elle et d'attendre comme elle. Quand je levai les yeux par hasard pour voir ceux dont j'avais entendu, pendant la nuit, les propos frivoles ou joyeux, je n'aperçus pas un visage de femme à découvert. C'étaient d'élégans chapeaux de paille d'Italie d'où tombaient des voiles de dentelles. — C'étaient çà et là, pour les plus hardies, des éventails relevés. — Les gentlemen avaient remonté les cols de leurs redingotes ou se cachaient derrière leurs binocles.

Mais la foule se vengeait de cette pudeur

hypocrite et tardive; une grêle de quolibets insultans montait de la rue et retombait indistinctement sur cette autre cohue, qui ne différait de la première que par le costume, et qui, sous son velours, cachait tout autant que l'autre sous ses haillons une soif sans bornes de sanglantes émotions et l'insensé désir d'épier la mort dans les suprêmes convulsions d'un homme à l'agonie. — Il y eut des voiles diaphanes et des éventails trop étroits. Plus d'un noble nom fut jeté en pâture au bruyant parterre qui s'agitait dans la boue, et telle lady courba la tête sous l'énergique réprobation de la justice populaire.

Mais ce fut de la part de ces dames délicatesse exagérée, je pense. Ne faisaient-elles pas ce que tout le monde fait à Londres? — Est-il permis de n'avoir pas vu pendre un homme en sa vie? et parce qu'on est jeune, riche, noble, belle, aimée, doit-on se priver de ces poignantes jouissances qui mettent la populace en ivresse?

Oh! milord, ces voiles de dentelles et ces brillans éventails sont encore là devant mes yeux! Je vois sous ces masques gracieux de gracieux visages, et ces visages me répugnent et m'indignent davantage encore que les faces hâlées, bronzées, avides de contempler la mort, avides franchement et crument, qui grimaçaient de toutes parts autour de moi.

Si j'eusse entendu prononcer là le nom de lady Ophelia, j'aurai repoussé depuis, moi, pauvre fille, son amitié de grande dame et je ne lui aurais point permis de m'appeler sa sœur.

Sept heures et demie étaient sonnées depuis quelques minutes. Le moment approchait. — Un profond silence se fit dans la foule. La cohue fut prise de cette anxiété qui précède tout spectacle attendu, anxiété qui ressemble à du recueillement et qui n'est que le paroxisme de l'impatience. On se taisait dans la rue ; on se taisait sur les toits, où pullulait, pressée, une autre foule presque aussi nombreuse que celle de la rue.

A huit heures moins un quart, un carillon lent et lugubre tomba du clocher du Saint-Sépulcre. En même temps, deux hommes vêtus de noir montèrent les degrés de l'échafaud et déposèrent sur l'estrade une longue boîte de sapin. — La cloche sonnait le glas funèbre de mon père, et cette boîte, apportée par les hommes vêtus de noir, était le cercueil de mon père.

Il courut un frémissement dans la foule.

— Enfin ! enfin ! disait-on.

N'était-ce pas là, milord, un digne complément à l'éducation que m'avait donnée Ismaïl, et ce que je voyais ici du monde, joint à ce que j'avais vu à Old-Court et au Club-d'Or, n'était-il pas une sorte de confirmation des enseignemens de mon père ?...

Je pensai alors, — et je l'ai pensé long-temps, — que le mal seul habite au cœur de l'homme. Et il m'a fallu entendre votre noble parole, Brian, et celle de ma chère Ophélie, pour voir autre chose ici bas que l'enfer.

Le glas sonnait depuis dix minutes environ lorsque s'ouvrit la porte de la Dette. De cette porte à la plate-forme de l'échafaud, on avait jeté une sorte de pont-levis incliné. — Tout le monde se dressa sur la pointe des pieds. Aux fenêtres, toutes les têtes se penchèrent. Tous les regards s'élancèrent, ardemment curieux, au delà de cette porte qui venait de s'ouvrir.

Le premier personnage qui parut fut un ministre, portant une bible à la main. Ce ministre était l'*ordinaire* (1) de Newgate, qui franchit la plate-forme sans se retourner. Après lui venait Ismaïl. — Mon père était très pâle, milord, mais aucun trouble ne paraissait sur sa physionomie qui gardait son expression de raillerie amère et sarcastique. Il franchit le pont-levis d'un pas ferme et s'arrêta au milieu de l'estrade.

Ses poignets étaient réunis à l'aide de menottes de fer, et une forte corde, qui liait ensemble ses cordes par derrière, achevait de rendre tout mouvement de ses bras impossible. Sur la saillie de ses coudes ainsi retenus,

---

(1) *The ordinary*. On nomme ainsi l'aumônier protestant de Newgate, chargé d'assister les condamnés à leurs derniers momens.

reposait une corde roulée, dont l'extrémité, terminée en nœud coulant, était passée autour de son cou nu.

— Le voilà! le voilà! disait-on tout bas autour de nous.

— C'est un scélérat effronté!

— Il mangeait de la chair humaine dans une chambre où il n'y avait ni fenêtres ni portes, le mécréant!

— Ah! Dieu soit béni! celui-là méritait d'être pendu deux fois.

Toutes ces voix, réunies mais contenues, formaient un murmure sourd à peu près semblable au bruit du vent passant parmi les arbres d'une forêt. — Au dessus de ma tête on parlait plus bas encore, mais j'entendis une voix de femme qui disait :

— Cet homme a de belles épaules.

Mon père s'était arrêté à quelques pieds de l'arbre du gibet, auprès du cercueil ouvert. Il se baissa pour le considérer de plus près, puis il le repoussa d'un coup de pied dédaigneux. Le cercueil glissa sur la sciure de bois dont était saupoudrée l'estrade, jusqu'au bord de la plate-forme. — Mon père se redressa et parcourut la foule d'un regard assuré.

— Quel coquin endurci ! disait-on dans la cohue.

— Il a quelque chose de romanesque dans

le regard, murmura la voix de la fenêtre; — c'est un bel homme!

— Eh! milady, laid ou beau, répliqua la voix grondeuse et cassée d'un vieillard, ce ne sera bientôt plus que le cadavre d'un juif pendu.

L'ordinaire de Newgate avait cependant ouvert sa bible et en lisait, comme par manière d'acquit, quelque passage. Ismaïl ne l'écoutait pas. Au bout de quelques secondes, il fronça le sourcil et ordonna au prêtre de s'éloigner. Celui-ci, dont la charité évangélique ne semblait pas très ardente, se le tint pour dit, mit sa bible sous son bras et fit retraite à gauche de la potence.

Je ne saurais vous dire, milord, d'où étaient sortis les exécuteurs, mais je les vis tout-à-coup sur l'estrade, derrière le condamné.

Le glas sonnait toujours à l'église du Saint-Sépulcre. — J'entendais dire autour de moi qu'une minute encore et tout serait fini !

Il courait par la foule comme un vent de fièvre. Tous ces visages d'Anglais, d'ordinaire si flegmatiques, agitaient chacun de leurs muscles en de bizarres contorsions. Les uns remuaient les mâchoires sans parler. D'autres avaient la bouche grande ouverte avec un stupide sourire sur la lèvres ; d'autres, les sourcils froncés, les narines tendues, semblaient savourer laborieusement leur jouissance. — Oh ! milord, je n'exagère point, et l'amertume de mes souvenirs ne se met pas ici à la place de la réalité : c'était du bonheur qu'il y avait dans tous ces yeux brûlans. Old-Bailey était en fête, et nulle autre part dans Londres il n'y a tant d'heureux que devant Newgate, le jour d'une exécution !

Mon père, cependant, après avoir parcouru des yeux la foule qui couvrait le bas d'Old-Bailey du côté de Ludgate-Hill, releva son regard vers les fenêtres où s'encadraient mille têtes avides et sembla y chercher quelqu'un. Son œil s'arrêta au coin de Fleet-Lane, et je crus remarquer que son front s'inclinait légèrement en un imperceptible salut.

Il reporta aussitôt son regard vers la rue, et nous aperçut enfin en face de lui.

Un éclair de joie sauvage illumina instantanément ses traits pâlis à la vue de Roboam, qui étendit ses bras vers lui en pleurant. — Mon père me fit, comme toujours, un signe de tête amical et sourit doucement en me regardant.

Roboam était réduit à un état de détresse qui arrachait la compassion. Toute la nuit, sa douleur s'était manifestée énergiquement, mais depuis l'apparition d'Ismaïl, c'était chez le pauvre muet une sorte d'agonie. Il râlait sourdement ; des larmes brûlantes coulaient de ses yeux, et sa main convulsivement crispée labourait sa poitrine.

L'exécuteur dit un mot à voix haute. On apporta une échelle qu'il appuya contre le bras traversier du gibet. Cette échelle, dont il gravit les degrés, lui servit à fixer en haut le bout de corde qui reposait naguère sur les coudes garrottés d'Ismaïl.

Cela fait, l'exécuteur redescendit ; on ôta l'échelle.

La corde pendait maintenant au cou d'Ismaïl ; — un geste du bourreau, qui s'était placé auprès du ressort retenant la trappe dans une position horizontale, allait suffire pour le lancer dans l'éternité (1).

A ce moment suprême, où les conversations

---

(1) *The launch into eternity.* (Le saut dans l'éternité.) Cette expression, qui dans la bouche de Susannah pourra sembler au lecteur emphatique et prétentieuse, n'a aucunement ce caractère à Londres. C'est une locution proverbiale.

avaient cessé de toutes parts, où l'on n'entendait d'autre bruit que le pénible souffle de trois mille respirations haletantes, le soleil, levant son disque voilé par le brouillard derrière Old-Bailey, jeta un rougeâtre reflet aux fenêtres hautes des maisons situées vis-à-vis de Newgate.

Ismaïl tressaillit. — Il regarda d'abord ce rayon de soleil avec mélancolie, puis, voulant voir sans doute l'astre lui-même pour la dernière fois, il se retourna vivement ; — mais Newgate dressait derrière lui le sombre écran de ses murailles.

Mon père courba la tête. — Sa résolution parut sur le point de fléchir.

—*Cheer up!* (courage !) cria en ce moment une voix grave et retentissante qui partait d'une fenêtre à l'angle de Fleet-Lane.

Tous les yeux se tournèrent de ce côté. — Mon père salua légèrement ; — puis sa tête se releva, hautaine, et, se tournant vers nous, il fit à Roboam un signe d'appel.

L'heure fatale allait sonner dans deux ou trois secondes.

Mais il n'en fallut qu'une à Roboam pour franchir d'un seul bond la barrière qui était devant lui, renverser les policemen placés sur son passage et sauter sur la plate-forme.

La foule, stupéfaite et vivement impressionnée par cet événement inattendu, le vit bientôt aux côtés d'Ismaïl, dont les fers, limés d'avance, cédèrent à un brusque mouvement.

La cohue, oublieuse de sa haine, cria bravo, parce que l'incident promettait d'être dramatique. Les mouchoirs s'agitèrent aux fenêtres, et la voix de Fleet-Lane répéta :

— *Cheer up !*

XXIII

THE LAUNCH INTO ETERNITY.

Le mouvement de Roboam avait été si rapide que nul n'avait songé à s'y opposer. — L'exécuteur, pétrifié, le regardait avec des yeux stupides et ne bougeait pas. — Ses aides étaient déjà en bas de l'échafaud.

Je ne sais pas, milord, si mon père eût pu essayer avec succès de s'enfuir. La foule paraissait le croire et éclatait en frénétiques acclamations. Des projectiles de toutes sortes commençaient à tomber sur la police. Il y avait menace d'émeute.

Mais mon père ne tenta point de s'enfuir. Ce n'était pas pour cela qu'il avait appelé Roboam. Au moment où celui-ci saisissait la corde pour lâcher le nœud coulant, Ismaïl, qui avait mis sa main dans son sein, en retira un court poignard,—le poignard apporté sans doute par le docteur Moore et le plongea furieusement dans la poitrine de Roboam.

Roboam tomba raide mort, entre mon père et le bourreau (1).

Ismaïl se tourna vers la fenêtre de Fleet-Lane, brandit le poignard sanglant avec triomphe, et cria :

— *Thank you* (merci), milord!

La foule avait poussé un long cri d'horreur.

En ce moment, huit heures sonnèrent au beffroi du Saint-Sépulcre. L'exécuteur, plutôt par habitude de son métier que par réflexion, car il semblait frappé de stupeur, pressa du pied

---

(1) Une scène analogue eut lieu à Glasgow en 1797. Lambeth-Fisher M'Dougal, montagnard du clan de Dougal, assassina sur l'échafaud Fergus M'Dougal, son cousin.

le ressort. La trappe bascula, la corde se tendit, la moitié du corps d'Ismaïl disparut dans le trou.

Son visage se contracta, puis demeura immobile. — La corde tendue se détordait lentement et imprimait à ce corps qui n'était déjà plus qu'un cadavre un mouvement de rotation affreux à voir.

Je fermai les yeux, milord, mes jambes fléchirent. Je sentis comme une main de glace étreindre mon cœur. —Ensuite je ne vis plus, je ne sentis plus rien...

Susannah s'interrompit. Brian, le cœur serré par le récit de cet horrible drame, garda le silence.

Dans le cabinet noir, le petite Française tremblait de tous ses membres et murmurait des exclamations de terreur. — Tyrrel lui-même semblait ému outre mesure, et, en un moment où son corps vacilla, chancelant, comme s'il allait tomber, Maudlin sentit couler du front de l'aveugle sur sa main une goutte de sueur glacée.

— Oui, murmura-t-il enfin, après un silence; — ce fut ainsi!... Elle n'a rien oublié... pas même le coup de couteau... Roboam ne méritait pas le coup de couteau, — mais ce diable de docteur Moore... Vous m'écoutez, Maudlin!... Pourquoi épiez-vous mes paroles, misérable femme!... Ne savez-vous pas qu'on s'empoisonne par les oreilles quelquefois, et que des gens sont morts pour avoir trop entendu !

— Milord !... balbutia la petite Française.

— Silence !... N'a-t-elle pas dit que la corde tourna, Maudlin ?... tourna lentement !... On dut voir le cadavre suivre, inerte, le mouvement de cette corde maudite... Ce dut être affreux... affreux !

Il passa la main sous sa cravate, comme si le souffle lui eût manqué tout-à-coup.

— Une corde autour du cou, Maudlin, reprit-il d'une voix strangulée ; — vous figurez-vous le mal que cela peut faire ?

Maudlin le regardait, étonnée.

— Ma foi, répondit-elle en riant, je n'ai jamais été pendue, milord, — et vous?

Tyrrel se leva et redressa sa taille dans toute sa hauteur.

— Moi ? prononça-t-il avec égarement ; — moi ?... Oh ! Maudlin, ce devait être hideux de voir ainsi tourner ce cadavre !...

Ces paroles étranges contrastaient tellement avec l'impassibilité habituelle de l'aveugle, que la petite Française eut un instant l'idée qu'une folie soudaine venait de le saisir. Mais au moment où cette idée lui traversait l'esprit, Tyrrel se rassit paisiblement et dit du ton le plus naturel :

— Sur ma foi, Maudlin, cet Ismaïl Spencer

tourna comme un toton... Et chaque fois que j'ai vu pendre, cette pirouette posthume m'a toujours fait un effet d'enfer... Remarquez la pirouette, Maudlin, à la prochaine occasion.

— Lorsque je recouvrai connaissance, milord, reprit Susannah, le soleil était au dessus de Saint-Paul. La funèbre décoration avait complétement disparu ; la foule s'était écoulée et les charrettes des approvisionneurs montaient et descendaient comme de coutume le triste entonnoir d'Old-Bailey.

Je m'éveillai parce qu'un policeman venait de s'apercevoir que j'entravais la voie publique et me secouait rudement. — Il y avait deux heures que j'étais là. Plus de mille personnes avaient passé près de moi, mais vous savez, milord, qu'à Londres, la charité se borne à ne point mettre le talon sur la tête du malheureux gisant sur le pavé. Faire un pas hors de son chemin est déjà beaucoup pour ces gens affairés, vassaux de l'avarice en qui l'égoïsme a pris des proportions si monstrueuses que leur univers est en eux et que leur âme myope ne voit goutte à deux pas de soi ! Ah ! je sais Londres, milord ! — J'y ai tant souffert !

Il me sembla que j'avais fait un rêve extravagant dans son horreur. D'instinct, je me dirigeai vers notre chambre de Farringdon-Street, mais, avant d'y être arrivée, la conscience de ce qui s'était passé m'était déjà revenue. — Mon père et Roboam ! — J'étais seule au monde, seule, milord, moi dont on avait prolongé l'enfance, moi qui ne savais rien, sinon quelques choses infâmes ou frivoles...

J'avais pensé à vous bien souvent depuis notre départ de Goodman's-Fields, mais en ce moment l'idée de mon abandon m'accablait. — Moi aussi, comme le pauvre Roboam, je regrettais mes jours d'esclavage...

Je passai deux jours enfermée dans ma chambre. J'avais peur du dehors. Tout était pour moi l'inconnu, et l'inconnu effraie.

Au bout de ce temps, un espoir insensé traversa mon esprit. Cet espoir ne pouvait venir qu'à moi, milord, ignorante et dépourvue de toute notion sur la vie. Je résolus de vous chercher, afin de vous dire que je vous aimais.

Brian lui prit la main, qu'il serra doucement entre les siennes.

— Que n'êtes-vous venue, Susannah ! interrompit-il.

— Je vous ai cherché pendant six mois, milord ; Londres est bien grand, et vous vous cachiez parce que ceux qui vous avaient prêté de l'argent voulaient vous mettre en prison.

— C'est vrai, murmura Brian, c'est vrai ! La main mystérieuse qui emplit ma bourse ne s'était pas mise encore entre moi et mes créanciers.

Tyrrel se prit à rire.

— Avez-vous entendu parler, Maudlin, demanda-t-il, de ces hardis coquins qui font pacte avec le diable ?

— Pourquoi cette question, milord ?

— Que l'enfer confonde votre curiosité incurable, Maudlin!... C'est ce beau seigneur qui me fait penser à cette vieille histoire... La main mystérieuse dont il parle est quelque chose comme le diable, — et vous savez que le diable finit toujours par tordre le cou à ses cliens tôt ou tard...

— J'appris que vous demeuriez dans Clifford-Street, Brian, disait pendant cela Susannah ; — voilà tout ce qu'on sut me dire

Durant six mois, je vins tous les jours dans Clifford-Street. Jamais je ne vous rencontrai. — Ce ne fut pas la patience qui me manqua, milord ; quand je ne revins plus, c'est que je ne pouvais plus venir.

Un soir, au moment où je rentrais dans ma chambre solitaire, on me demanda le prix de mon loyer. Je n'avais plus rien. On me chassa.

Londres est brillant et splendide au commencement de la nuit. Je n'eus pas peur d'abord. L'indifférente et apathique somnolence qui s'emparait de moi dès qu'il ne s'agissait pas de vous me soutint alors comme elle me soutint bien souvent depuis. — J'allais le long des magasins luxueusement éclairés de Flect-

Street, j'allais sans penser et sans craindre.— Si près de l'opulence, mon Dieu! quelque chose vous empêche de redouter les dernières extrémités de la misère. De moins ignorans que moi s'y sont laissé prendre, je pense, et, à Londres, le malheureux qui meurt d'inanition se refuse jusqu'au bout à croire qu'une telle mort soit possible.

Et combien meurent ainsi pourtant chaque jour! — Mais tout abonde autour de votre agonie. Il semble que vous n'auriez qu'à étendre la main pour prendre, qu'à ouvrir la bouche pour être rassasié. On espère toujours : la mort vient; on rend le dernier soupir à deux pas d'une table dont les miettes seules eussent suffi à prolonger votre vie...

Les mittes ! Qui donc peut refuser de jeter à la misère exténuée ce dont nul ne veut plus?

On a ses chiens, milord...

Je descendais Fleet-Street au hasard, pensant à vous, sans doute ; n'était-ce pas alors comme aujourd'hui mon unique pensée? L'heure avançait. Quand j'eus dépassé Church-Yard, je vis les magasins se fermer les uns après les autres.

- Pour la première fois, je me demandai où j'irais chercher un asile.

Au coin de Cornhill un homme m'aborda. Il me dit que j'étais belle, et me demanda si je voulais le suivre dans sa maison. J'acceptai sans hésiter, et ne pris point la peine de dissimuler ma joie.—Mais, en chemin, cet homme me parla de telle sorte que je dus le quitter.

J'avais en moi quelque chose qui suppléait à mon ignorance, milord, c'était mon amour. L'idée de me vendre à autrui n'avait rien en soi qui me répugnât autrement que par rapport à vous. La honte vague et confuse qui soulevait mon sein ne m'eût point arrêtée. — Mais vous étiez là, toujours, entre moi et l'abîme. Une voix dans mon cœur me criait sans cesse : Mieux vaut mourir...

Minuit vint. Les passans se firent plus rares. Les magasins fermés ne présentaint plus que le sombre bois de leurs clôtures au lieu des étincelantes clartés du gaz. J'avais faim et j'étais accablée de fatigue. Je me couchai au pied de la grille de Saint-Paul et je m'endormis.

Avant le jour, je m'éveillai glacée, paralysée, incapable de me mouvoir. Un watchman (1) passa, je l'appelai et je lui dis que j'avais faim.

— Oh! oh! me dit cet homme en m'entraînant sous un réverbère, — vous êtes pourtant jolie, ma fille... Comment diable pouvez-vous avoir faim?

Je chancelais, et ma tête alourdie vacillait d'une épaule à l'autre.

---

(1) Il n'y avait encore alors que des watchmen dans la Cité.

— Mais peu importe, reprit le watchman, vous êtes peut-être une honnête fille après tout, — bien que les honnêtes filles soient rares à Londres, — je vais vous conduire à une maison d'asile.

Il me prit sous le bras et, me soutenant de son mieux, il me mena en effet dans la maison des pauvres de la Cité, où l'on me reçut sans difficulté aucune.

Des secours me furent immédiatement prodigués. Je me crus sauvée. Oh! combien je me repentais d'avoir pensé qu'à Londres nul n'avait de compassion pour ceux qui souffrent. Ici, je trouvais la compassion organisée, la charité soumise aux règles d'une vaste administration et exercée sur une immense échelle...

Voilà ce que je me disais, milord, et mon cœur était plein d'une gratitude infinie.

Mais le lendemain, vingt-quatre heures juste après l'instant de mon entrée, un des employés de la maison m'ouvrit la porte et me pria de sortir. Vingt-quatre heures! tel est le répit que la charité de Londres donne aux malheureux qui vont mourir! Vingt-quatre heures! le temps de se reprendre à la vie, le temps de ressaisir à la hâte quelques forces pour lutter encore et souffrir quelques jours de plus!

C'est la loi.

— Vous êtes jeune et forte, me dit-on, travaillez !

Que j'aurais voulu obéir, milord, et travailler ! mais j'ai su depuis que des femmes fortes, habiles et rompues au labeur depuis l'enfance ne peuvent gagner à Londres de quoi acheter du pain. Moi, j'ignorais jusqu'à la signification précise du mot travail. — J'avais travaillé pour apprendre les langues, travaillé devant mon piano et devant ma harpe... Etait-ce cela dont voulait parler l'homme de la maison d'asile ?

Un jour se passa, puis deux jours. — La faim revint plus terrible... Oh ! milord, au milieu de ces misères se place ici pour moi un doux, un angélique souvenir. Le soir de ce deuxième jour, je marchais, épuisée, sur le trottoir de Cheapside, car je ne m'éloignais guère du centre de la Cité. La faim commençait à produire sur moi ses effets ordinaires, — ces effets que j'ai endurés si souvent! — Ma tête était lourde, mes yeux troublés ne voyaient plus la lumière du gaz qu'à travers un brouillard coloré de mille nuances changeantes ; mon front se fendait aux élancemens d'une douleur aiguë.

Je sentais que j'allais tomber : j'étais tombée ainsi deux jours auparavant.

Au moment où je chancelais, n'apercevant plus autour de moi qu'un tourbillon lumineux et confus, une main me saisit par le bras et me soutint.

— Qu'a cette pauvre fille? demanda au même instant une douce voix.

En ces momens, tout choc, moral ou physique, rétablit pour un instant l'équilibre des sens. La surprise me rendit la faculté de voir. J'aperçus autour de moi deux jeunes misses qui donnaient le bras à un gentleman un peu plus âgé qu'elles. — Les suaves visages de ces deux charmantes filles sont encore devant mes yeux au moment où je vous parle, milord. Que de bonté dans leurs regards! que de tendre compassion dans leur sourire! Qu'elles étaient bonnes et qu'elles étaient jolies!

— Cette pauvre fille se meurt de faim! dit

le gentleman après m'avoir attentivement examinée.

— De faim! répétèrent en tressaillant les deux enfans.

L'aînée me passa aussitôt ses bras autour de la taille ; je vis des larmes dans les yeux de la plus jeune.

— Oh! Stephen, s'écria cette dernière! il faut l'emmener chez votre mère.

— L'emmener tout de suite, ajouta l'aînée qui m'entraînait déjà.

Celui qu'elles appelaient Stephen les arrêta et continua de m'examiner froidement. Il y avait de la bonté dans ses traits, mais une bonté prudente, réfléchie, qui faisait contraste avec sa jeunesse.

— Cela ne se peut pas, Clary, dit-il enfin ; — n'insistez pas Anna, cela ne se peut pas !... Nous ne pouvons emmener cette dame dans la maison de ma mère... mais nous pouvons, nous devons lui porter secours.

Il tira de sa poche une bourse et me mit dans la main deux pièces d'or.

— Ce n'est pas assez, Stephen, ce n'est pas assez? s'écrièrent ensemble les deux jeunes filles. — Tenez ! tenez, mademoiselle !

Leurs bourses glissèrent en même temps dans la poche de ma robe.

Je baisai la main de la plus petite et l'aînée me dit :

—Notre maison est là, au coin de Cornhill, — le numéro m'échappa, — quand vous aurez faim, venez!

—Oh! venez! répéta l'autre; —Stephen est un méchant, et sa bonne mère vous recevra...

Je n'ai jamais revu ces deux anges, milord. Plus tard, quand la souffrance pesa sur moi de nouveau, je cherchai leur maison dans Cornhill et je ne la sus point trouver. Mais leurs doux noms et leurs charmans visages sont dans mon cœur, et je prie Dieu de me mettre à même un jour de leur rendre tout le bien qu'elles m'ont fait.

Car ce fut pour moi une consolation suprême que de rencontrer par hasard un peu de bonté sur mon chemin. Cela me redonna de la force et de l'espoir. Cela me montra l'avenir et le monde sous un aspect moins lugubre.

J'achetai du pain avec l'argent des deux jeunes filles. Quand je n'eus plus rien, je chantai dans Cheapside, le soir, devant une taverne où s'assemblaient des marchands de la Cité. On me donna d'abord plus qu'il ne me fallait, mais la foule se groupait autour de moi. — Les hommes de la police me défendirent de chanter.

Ce fut alors, Brian, que l'idée d'une mort volontaire s'empara pour la première fois de mon esprit. Je ne voulais pas accepter les offres de ces hommes qui spéculent sur la misère d'une femme, parce que j'étais à vous, et rien autre chose ne pouvait plus être mis entre moi et le dénûment.—Or, je savais maintenant ce qu'on souffre avant de mourir de faim, et la peur me poussait au suicide.

J'avais vu autrefois un pauvre enfant se noyer dans le lac aux bords duquel j'avais été heureuse durant quelques mois. Je m'acheminai vers la Tamise.

Sur ma route, dans une petite rue nommée Water-Street, je m'arrêtai, fatiguée, et je m'assis sur les marches d'un public-house.

La maîtresse de ce public-house m'aperçut et sortit pour me chasser ; mais elle avait besoin d'une servante ; elle me trouva belle et les belles servantes sont chose précieuse dans une maison comme *les Armes de la Couronne...*

Ici Susannah raconta sa vie durant trois mois passés aux *Armes de la Couronne*, les grossiers travaux auxquels on l'avait condamnée, les privautés des habitués du parloir, les brutales insultes des buveurs du *tap*, la tyrannie tracassière, acariâtre, patiente de mistress Burnett elle-même, qui, pour le pain qu'elle lui donnait, croyait avoir le droit de la traiter en esclave.

Elle arriva ensuite à cette soirée du dimanche où mistress Burnett, exaspérée, la frappa au visage.

Je repris mon chemin vers la Tamise, Brian, continua-t-elle, et ce fut au moment où j'allais commettre un crime, — que Dieu eût pardonné peut-être à mon ignorance et à mon malheur,—ce fut à ce moment que je rencontrai l'aveugle Tyrrel.

— Ah ! ah ! murmura la petite Française, qui redoubla d'attention.

Tyrrel garda le silence.

— En ce temps-là, milord, reprit la jeune fille, je vous l'ai dit déjà, je ne remarquais rien ; il y avait comme un voile sur ma vue ;

je n'étais sensible à rien autre chose qu'à votre souvenir, qui était tout à la fois mon unique consolation et ma plus amère souffrance ; néanmoins, la figure de cet aveugle, qui venait parfois au public-house, m'avait légèrement frappée. Il me semblait de temps à autre que ses yeux, privés de lumière se fixaient sur moi de préférence à tout autre objet...

Mais ce soir-là, au bord de la Tamise, j'éprouvai une hallucination étrange et terrible. Pendant que ce Tyrrel me retenait par le bras, la lueur d'une bougie allumée dans une maison voisine passa rapidement sur son visage, et je crus avoir vu...

La belle fille hésita.

— Achevez, madame, dit Lancester avec curiosité.

La petite Française pencha la tête en avant pour mieux entendre, mais en ce moment les deux mains de l'aveugle se collèrent sur ses oreilles et la rendirent sourde.

— Je crus avoir vu le spectre de mon père, milord! dit Susannah en frémissant.

Brian fit un mouvement de surprise.

— C'est étrange, murmura-t-il, — étrange!... Oh! il y a là-dessous quelque ténébreux mystère... Je le pénétrerai, madame!

Tyrrel haussa les épaules avec mépris et

retira ses mains, rendant ainsi l'usage de l'ouïe à madame la duchesse de Gêvres.

Susannah, poursuivant son récit, raconta son arrivée dans Wimpole-Street, le luxe dont on l'avait tout-à-coup entourée et les menaces qui lui avaient été faites. Elle parla de la scène jouée au chevet de Perceval et prononça même le fameux mot d'ordre : — *Gentleman of the night*.

Quand elle eut fini, elle se tourna vers Lancester et fixa sur lui ses grands yeux noirs, dont les paupières se baissèrent bientôt, tandis qu'elle disait doucement :

—Vous savez tout maintenant, milord ; je ne vous ai rien caché ; je vous ai ouvert toute grande la porte de mon âme, et c'est à vous de me dire si je suis digne encore de vous aimer.

Brian ne répondit pas tout de suite. — Deux larmes glissèrent entre les cils de soie de la belle fille.

— Milord, murmura-t-elle, j'attends et je souffre...

Brian tressaillit et mit passionnément ses lèvres sur la main de Susannah.

— Madame, dit-il avec tendresse et respect; l'homme que vous aimez vous est redevable, et s'il a droit d'orgueil, c'est vis-à-vis du reste du monde et non envers vous qui êtes sa gloire... Vous avez bien souffert... vous avez noblement souffert... L'or pur de votre cœur ne s'est point terni parmi tant et de si longues souillures... Oh! Dieu vous a fait l'âme aussi belle que le visage, Susannah!...

Il mit un genou sur le tapis.

— Voulez-vous porter le nom de Lancester, madame? reprit-il tout-à-coup avec cette galanterie exquise et rare dont certaines familles, en notre âge bourgeois, ont pu seules garder les chevaleresques traditions.

— Si je le veux, milord, balbutia Susannah; si je veux être votre femme!...

Elle se pencha ravie et ne trouvant point de paroles pour exprimer sa joie.

— Venez, s'écria Brian, oh! venez, madame; ne restez pas un instant de plus sous ce toit impur... Madame la comtesse de Derby est votre amie ; sa maison vous sera un asile convenable jusqu'au jour qui me donnera le droit de vous protéger moi-même... Venez !

Susannah se leva, radieuse.

Ils se dirigèrent vers la porte. — Mais, au moment où Lancester mettait la main sur le bouton de la serrure, la porte s'ouvrit d'elle-même et Tyrrel l'Aveugle parut sur le seuil.

Derrière lui étaient quatre hommes vigoureux et d'apparence déterminée.

— Vous êtes entré seul dans cette maison,

monsieur de Lancester, dit l'aveugle ; — vous en sortirez de même.

Susannah, effrayée, se pendait au bras de Brian.

Celui-ci se dégagea doucement.

Un instant, la pensée d'une lutte sembla lui traverser l'esprit. Son œil lança un terrible éclair, et il parut choisir parmi ses adversaires celui qu'il terrasserait le premier.

Mais il se ravisa et répondit en contenant sa voix :

— Soit, sir Edmund, je sortirai seul... A bientôt, madame, ajouta-t-il en se penchant rapidement à l'oreille de Susannah; vous ne m'attendrez pas long-temps, je vous jure!

Il passa vivement devant Tyrrel et ses acolytes, descendit l'escalier et s'élança au dehors. Une fois dans la rue, il monta en courant Wimpole-Street, et entra dans Marylebone. Une fois dans High-Street, il ne s'arrêta que devant le bureau de police.

Introduit sur-le-champ auprès du commissaire, Brian eut avec lui une courte conférence, à la suite de laquelle le magistrat mit à sa disposition un officier de police et une escouade de policemen.

Cette petite troupe, stimulée par Brian, descendit au pas de course vers Wimpole-Street. — Une demi-heure, tout au plus, s'était écoulée entre le départ de Brian et l'arrivée de l'escouade de police devant le numéro 9.

L'officier frappa, au nom du roi.

— Que Dieu bénisse Sa Très Gracieuse Majesté, répondit une voix railleuse par l'une des fenêtres du premier étage.

La fenêtre se referma. — Au bout d'une demi-minute la porte s'ouvrit.

La police fit aussitôt irruption dans la maison, tout en gardant les précautions convenables. Personne ne se présenta pour résister à ses investigations.

On fouilla le bâtimens des caves aux combles. — On trouva les meubles ouverts et en désordre, comme après un départ précipité.

Pas un valet; du reste, pas un maître.

Plus de chevaux à l'écurie, plus de voiture sous la remise.

La maison était abandonnée.

FIN DU CINQUIÈME VOLUME ET DE LA DEUXIÈME PARTIE.

TABLE.

SUITE DE LA DEUXIÈME PARTIE.

XII. — Corah.	3
XIII. — Le Médaillon.	33
XIV. — Le Boudoir d'Ismaïl.	67
XV. — Le Cabinet de travail.	101
XVI. — Esclavage.	137
XVII. — La Sirène.	171
XVIII. — Le Club-d'Or.	205
XIX. — Cinq mille roubles.	239
XX. — En Sursaut.	277
XXI. — Old-Court.	311
XXII. — La Porte de la Dette.	345
XXIII. — *The Launch into eternity.*	379

En vente chez les mêmes Éditeurs.

LE DOCTEUR ROUGE

PAR JEAN LAFITTE,

Auteur des Mémoires de Fleury.

3 vol. in-8°. — Prix : 22 fr. 50 c.

LA JEUNESSE
D'ÉRIC MENWED

Roman historique, traduit du danois d'INGEMANN,

PAR W. DUCKETT.

4 vol. in-8°. — Prix : 30 fr.

Imprimerie de BOULÉ et Cⁱᵉ, rue Coq-Héron, 3.

www.ingramcontent.com/pod-product-compliance
Lightning Source LLC
Chambersburg PA
CBHW050917230426
43666CB00010B/2209